课本里的作家

课本里的作家

白杨礼赞

茅 盾/著

中学语文同步阅读
八年级
彩插精读版

山东教育出版社
·济南·

图书在版编目（CIP）数据

白杨礼赞 / 茅盾著 . — 济南：山东教育出版社，
2023.6（2023.7 重印）
（爱阅读·课本里的作家）
ISBN 978-7-5701-2506-7

Ⅰ．①白… Ⅱ．①茅… Ⅲ．①阅读课—初中—教学参
考资料 Ⅳ．①G634.333

中国国家版本馆 CIP 数据核字（2023）第 047283 号

BAIYANG LIZAN

白杨礼赞

茅盾 著

主管单位：山东出版传媒股份有限公司
出版发行：山东教育出版社
　　　　　地址：济南市市中区二环南路 2066 号 4 区 1 号　邮编：250003
　　　　　电话：（0531）82092600　　　网址：www.sjs.com.cn
印　　刷：天津泰宇印务有限公司
版　　次：2023 年 6 月第 1 版
印　　次：2023 年 7 月第 2 次印刷
开　　本：700 mm×1000 mm　1/16
印　　张：13
字　　数：156 千
定　　价：39.80 元

刚合上了眼皮，一些红的、绿的、紫的、橙黄的、金碧的、银灰的，圆体和三角体，各自不歇地在颤动，在扩大，在收小，在漂浮的，便争先恐后地挤进我们孩子的闭合的眼睑。

严霜下的梦

早晨七点钟，街上还是冷清清的时候，那当铺前早已挤满了乡下人，等候开门。这伙人中间，有许多是天还没亮足，就守候在那里了。

铺当

铺酒

铺缎绸

雾中偶记

夜是很深了吧？你看鼠子这样猖獗，竟在你面前公然踱方步。我开窗透点新鲜空气，茫茫一片，雾是更加浓了吧？已经不辨皂白。

『现代化』的话

还有，跟着交通的发达，大都市里的时髦风气也很快地灌进内地去了；剪发，长旗袍，女大衣，廉价的人造丝织品，国产电影，一齐都来了。

忆冼星海

当他走进我的房间，自己通了姓名的时候，我吃了一惊，"呀，这就是冼星海吗！"我心里这样说，觉得很熟识，而也感到生疏。

谈排队静候之类

等候公共汽车，应当排队。自从"有碍观瞻"的木栅拆去以后，候车者的长蛇阵居然排得崭齐。

总序

　　北京书香文雅图书文化有限公司的李继勇先生与我联系，说他们策划了一套《爱阅读·课本里的作家》丛书，读者对象主要是中小学生，可以作为学生的课外阅读用书，希望我写篇序。作为一名语文教育工作者，在中共中央办公厅、国务院办公厅印发《关于进一步减轻义务教育阶段学生作业负担和校外培训负担的意见》（以下简称"双减"）的大背景下，为学生推荐这套优秀课外读物责无旁贷，也更有意义。

一、"双减"以后怎么办？

　　"双减"政策对义务教育阶段学生的作业和校外培训作出严格规定。我认为这是一件好事。曾几何时，我们的中小学生作业负担重，不少学生不是在各种各样的培训班里，就是在去培训班的路上。学生"学"无宁日，备尝艰辛；家长们焦虑不安，苦不堪言。校外培训机构为了增强吸引力，到处挖掘优秀教师资源，有些老师受利益驱使，不能安心从教。他们的行为破坏了教育生态，违背了教育规律，严重影响了我国教育改革发展。教育是什么？教育是唤醒，是点燃，是激发。而校外培训的噱头仅仅是提高考试成绩，让学生在中高考中占得先机。他们的广告词是"提高一分，干掉千人"，大肆渲染"分数为王"，在这种压力之下，学生面对的是"分萧萧兮题海寒"，不得不深陷题海，机械刷题。假如只有一部分学生上培训班，提高的可能是分数。但是，如果大多数学生或者所有学生都去上培训班，那提高的就不是分数，而只是分数线。教育的根本任务是立德树人，是培根铸魂，是启智增慧，是让学生的德智体美劳全面发展，是培养社会主义建设者和接班人，是为中华民族伟大复兴提供人才，而不是培养只会考试的"机器"，更不能被资本所"绑架"。所以中央才"出重拳""放实招"，目的就是要减轻学生过重的课业负担，减轻家长过重的经济和精神负担。

　　"双减"政策出台后，学生们一片欢呼，再也不用在各种培训班之间来回奔波了，但家长产生了新的焦虑：孩子学习成绩怎么办？而对学校老师来说，这是一个新挑战、新任务，当然也是新机遇。学生在校时间增加，要求老师提升教学水平，科学合理布置作业，同时开展课外延伸服务，事实上是老师陪伴学生的时间增加了。这部分在校时间怎么安排？如何让学生利用好课外时间？这一切考验着老师们的智慧。而开展各种课外活动正好可以解决这个难题。比如：热爱人文的，可以开展阅读写作、演讲辩论，学习传统文化和民风民俗等社团活动；喜爱数理的，可以组织科普科幻、实验研究、统计测量、天文观测等兴趣小组；也可以开展体育比赛、艺术体验（音乐、美术、书法、戏剧……）和劳动教育等实践活动。当然，所有的活动都应以培养学生的兴趣爱好为目的，以自愿参加为前提。学校开展课后服务，可以多方面拓展资源，比如博物馆、图书馆、科技馆、陈列馆、少年宫、青少年活动中心，甚至校外培训机构的优质服务资源，还可组织征文比赛、志愿服务、社会调查等，助力学生全面发展。

二、课外阅读新机遇

近年来，新课标、新教材、新高考成为语文教育改革的热词。我曾经看到一个视频，说语文在中高考中的地位提高了，难度也加大了。这种说法有一定道理，但并不准确。说它有一定道理，是因为语文能力主要指一个人的阅读和写作能力，而阅读和写作能力又是一个人综合素养的体现。语文能力强，有助于学习别的学科。比如数学、物理中的应用题，如果阅读能力上不去，读不懂题干，便不能准确把握解题要领，也就没法准确答题；英语中的英译汉、汉译英题更是考查学生的语言表达能力；历史题和政治题往往是给一段材料，让学生去分析、判断，得出结论，并表述自己的观点或看法。从这点来说，语文在中高考中的地位提高有一定道理。说它不准确，有两个方面的理由：一是语文学科本来就重要，不是现在才变得重要，之所以产生这种错觉，是因为在应试教育的背景下，语文的重要性被弱化了；二是语文考试的难度并没有增加，增加的只是阅读思维的宽度和广度，考查的是阅读理解、信息筛选、应用写作、语言表达、批判性思维、辩证思维等关键能力。可以说，真正的素质教育必须重视语文，因为语文是工具，是基础。不少家长和教师认为课外阅读浪费学习时间，这主要是教育观念问题。他们之所以有这种想法，无非是认为考试才是最终目的，希望孩子可以把更多时间用在刷题上。他们只看到课标和教材的变化，以为考试还是过去那一套，其实，考试评价已发生深刻变革。目前，考试评价改革与新课标、新教材改革是同向同行的，都是围绕立德树人做文章。中共中央、国务院印发的《深化新时代教育评价改革总体方案》明确指出："稳步推进中高考改革，构建引导学生德智体美劳全面发展的考试内容体系，改变相对固化的试题形式，增强试题开放性，减少死记硬背和'机械刷题'现象。"显然就是要用中高考"指挥棒"引领素质教育。新高考招生录取强调"两依据，一参考"，即以高考成绩和高中学业水平考试成绩为依据，以综合素质评价为参考。这也就是说，高考成绩不再是高校选拔新生的唯一标准，不只看谁考的分数高，而是看谁更有发展潜力、更有创造性，综合素质更高，从而实现由"招分"向"招人"的转变。而这绝不是仅凭一张高考试卷能够区分出来的，"机械刷题"无助于全面发展，必须在课内学习的基础上，辅之以内容广泛的课外阅读，才能全面提高综合素养。

三、"爱阅读"助力成长

这套《爱阅读·课本里的作家》丛书是为中小学生读者量身打造的，符合《义务教育语文课程标准》倡导的"好读书、读好书、读整本的书"的课改理念，可以作为学生课内学习的有益补充。我一向认为，要学好语文，一要读好三本书，二要写好两篇文，三要养成四个好习惯。三本书指"有字之书""无字之书""心灵之书"，两篇文指"规矩文"和"放胆文"，四个好习惯指享受阅读的习惯、善于思考的习惯、乐于表达的习惯和自主学习的习惯。古人说"读万卷书，行万里路"，实际上就是要处理好读书与实践的关系。对于中小学生来说，读书首先是读好"有字之书"。"有字之书"，有课本，有课外自读课本，还有"爱阅读"这样的课外读物。读书时我们不能眉毛胡子一把抓，要区分不同的书，采取不同的读法。一般说来，读法有精读，有略读。精读需要字斟句酌，需要咬文嚼字，但费时费力。当然也不是所有的书都需要精读，可以根据自己的需要决定精读还是略读。新课标提倡中小学生进行整本书阅读，但是学生往往不能耐着性子读完一整本书。新课标提倡的整本书阅读，主要是针对过去的单篇教学来说的，并不是说每本书都要从头读到尾。教材设计的练习项目也是有弹性的、可选择的，不可能有统一的"阅读计划"。我的建议是，整本书阅读应把精读、略读与浏览结合起来，精读重在示范，略读重在博览，浏览略观大意即可，三者相辅相成，不宜偏于一隅。不仅如此，学生还可以把阅读与写作、读书与实践、课内与课外结合起来。整本书阅读重在掌握阅读方法，拓展阅读视野，培养读书兴趣，养成阅读习惯。

再说写好两篇文。学生读得多了，素养提高了，自然有话想说，有自己的观点和看法要发表。发表的形式可以是口头的，也可以是书面的，书面表达就是写作。写好两篇文，一篇规矩文，一篇放胆文。规矩文重打基础，放胆文更见才气。规矩文要求练好写作基本功，包括审题、立意、选材、构思等，同时还要掌握记叙文、议论文、说明文、应用文的基本要领和写作规范。规矩文的写作要在教师的指导下进行。放胆文则鼓励学生放飞自我、大胆想象，各呈创意、各展所长，尤其是展现自己的写作能力、语言表达能力、批判性思维能力和辩证思维能力。放胆文的写作可以多种多样，除了大作文，也可以写小作文。有兴趣的学生还可以进行文学创作，写诗歌、小说、散文、剧本等。

学习语文还要养成四个好习惯。第一，享受阅读的习惯。爱阅读非常重要，每个同学都应该有自己的个性化书单。有的同学喜欢网络小说也没有关系，但需要防止沉迷其中，钻进"死胡同"。这套《爱阅读·课本里的作家》丛书，给中小学生课外阅读提供了大量古今中外的名家名作。第二，善于思考的习惯。在这个大众创业、万众创新的时代，创新人才的标准，已不再是把已有的知识烂熟于心，而是能够独立思考，敢于质疑，能够自己去发现问题、提出问题和解决问题，需要具有探究质疑能力、独立思考能力、批判性思维和辩证思维能力。第三，乐于表达的习惯。表达的乐趣在于说或写的过程，这个过程比说得好、写得完美更重要。写作形式可以不拘一格，比如作文、日记、笔记、随笔、漫画等。第四，自主学习的习惯。我的地盘我做主，我的语文我做主。不是为老师学，也不是为父母长辈学，而是为自己的精神成长学，为自己的未来学。

愿广大中小学生能借助这套《爱阅读·课本里的作家》丛书，真正爱上阅读，插上想象的翅膀，飞向未来的广阔天地！

目录

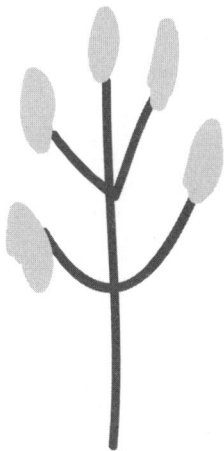

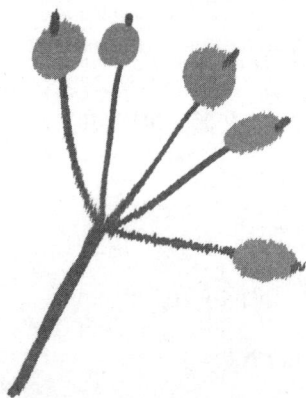

我爱读课文

原文赏读

白杨礼赞

体　　裁：散文
作　　者：茅盾
创作时间：1941 年
作品出处：部编版语文八年级（上册）
内容简介：通过对白杨树的赞美，歌颂了正在坚持抗日战争的北方军民及其所代表的整个中华民族紧密团结、坚强不息、力求上进的革命精神。

////////////////////// 读前导航 //////////////////////

阅读准备

　　茅盾早期的散文以短篇居多，内容主要以一小部分人的人生的片段、剪影来表达时代的苦闷。他对社会生活体察细致入微，用文字对社会生活进行素描写生，通过这些文字可见茅盾笔法的细腻、情感的真挚。

　　茅盾的散文同样具有"鲁迅风"，都是反映时代，同时也是超越时代的。他从没放弃用手中的笔作"利剑"，可以说，在茅盾的一生中，始终都在运用散文这种文学形式进行不懈的战斗。

　　茅盾同时也是一位擅长心理描写的语言大师。他与作品中的人物曾有着同样的生活经历和命运遭际，所以，他往往以充满着血和泪的感情对形形色色的小资产阶级人物心灵世界进行刻画和解析。

目标我知道

情感培养	感悟作者对广大抗日军民的崇敬与赞美之情 体会中华民族朴质、坚强、力求上进的精神
知识与能力	了解作者及文章的写作背景 学会写抒情散文
学习重点	积累文章重点字词：婆娑、秀颀、坦荡如砥、潜滋暗长 理解白杨树的象征意义，学习象征手法的使用
学习难点	把握托物言志散文的基本特点 理解烘托、对比、欲扬先抑等写作技巧的表达效果

背景我来探

　　这篇散文写于中国人民抗日战争最艰苦的时期。由于国民党顽固派消极抗日，积极反共，抗日民族统一战线濒于分裂。1940年5月，茅盾离开新疆，受朱德同志邀请前往延安。在延安参观讲学期间，茅盾亲身体察了解放区军民的斗争生活，看到了抗日军民团结战斗的精神风貌，并留下了深刻的印象。皖南事变后，作者借礼赞西北高原上的白杨树，表达对北方抗日军民的热爱和赞美之情，写下了此文。

//////////////////////// 精彩赏读 ////////////////////////

课本原文

白杨礼赞

[1] 开篇点题，突出白杨树的不平凡。

① 白杨树实在是不平凡的，我赞美白杨树[1]！

【第一部分（①段）：起笔点明题旨，直接抒发了对白杨树的赞美、崇敬之情。】

② 当汽车在望不到边际的高原上奔驰，扑入你的视野的，是黄绿错综的一条大毯子。黄的是土，未开垦的荒地，几百万年前由伟大的自然力堆积成功的黄土高原的外壳；绿的呢，是人类劳力战胜自然的成果，是麦田，和风吹送，翻起了一轮一轮的绿波，——这时你会真心佩服昔人所造的两个字"麦浪"，若不是妙手偶得，便确是经过锤炼的语言的精华。黄与绿主宰着，无边无垠，坦荡如砥，这时如果不是宛若并肩的远山的连峰提醒了你(这些山峰凭你的肉眼来判断，就知道是在你脚底下的)，你会忘记了汽车是在高原上行驶。这时你涌起来的感想也许是"雄壮"，也许是"伟大"，诸如此类的形容词；然而同时你的眼睛也许觉得有点倦怠，你对当前的"雄壮"或"伟大"闭了眼，而另一种的味儿在你心头潜滋暗长了——"单调"！可不是，单调，有一点儿吧？

【坦荡如砥（dǐ）】平坦得像磨刀石一样。

（段解：描写黄土高原的景象，交代白杨树不寻常的生长环境。）

③ 然而刹那间，要是你猛抬眼看见了前面远远有一排——不，或者只是三五株，一株，傲然地耸立，像哨兵似的树木的话，那你的恹恹欲睡的情绪又将如何？我那时是惊奇地叫了一声的！

【恹恹（yān yān）】困倦的样子。

（段解：通过"我"情绪的变化，为下文对白杨树的描写渲染气氛。）

④ 那就是白杨树，西北极普通的一种树，然而实在是不平凡的一种树！

【第二部分（②—④段）：描写黄土高原的景象和作者的感受，交代白杨树生长的自然环境。】

⑤ 那是力争上游的一种树，笔直的干，笔直的枝。它的干通常是丈把高，像加过人工似的，一丈以内绝无旁枝。它所有的丫枝一律向上，而且紧紧靠拢，也像加过人工似的，成为一束，绝不旁逸斜出；它的宽大的叶子也是片片向上，几乎没有斜生的，更不用说倒垂了；它的皮光滑而有银色的晕圈，微微泛出淡青色[1]。这是虽在北方风雪的压迫下却保持着倔强挺立的一种树！哪怕只有碗那样粗细，它却努力向上发展，高到丈许，二丈，参天耸立，不折不挠，对抗着西北风。

[1] 用工笔细描的手法，从干、枝、叶、皮四个方面描写白杨树的外形，突出其正直、向上、团结的特点。

（段解：描写白杨树的外形特征及内在气质，为下文白杨树的象征意义做铺垫。）

⑥ 这就是白杨树，西北极普通的一种树，然而绝

不是平凡的树!

【第三部分（⑤—⑥段）：赞颂白杨树力争上游、紧密团结、不屈不挠的精神。】

⑦ 它没有婆娑的姿态，没有屈曲盘旋的虬枝。也许你要说它不美。<u>如果美是专指"婆娑"或"旁逸斜出"之类而言，那么，白杨树算不得树中的好女子。但是它伟岸，正直，朴质，严肃，也不缺乏温和，更不用提它的坚强不屈与挺拔，它是树中的伟丈夫！</u>[1] 当你在积雪初融的高原上走过，看见平坦的大地上傲然挺立这么一株或一排白杨树，难道你就觉得它只是树？难道你就不想到它的朴质，严肃，坚强不屈，至少也象征了北方的农民？难道你竟一点也不联想到，在敌后的广大土地上，到处有坚强不屈，就像这白杨树一样傲然挺立的守卫他们家乡的哨兵？难道你又不更远一点想到，这样枝枝叶叶靠紧团结，力求上进的白杨树，宛然象征了今天在华北平原纵横决荡，用血写出新中国历史的那种精神和意志？

（段解：先抑后扬，突出白杨树的与众不同，层层深入地点明了白杨树的象征意义。）

⑧ 白杨不是平凡的树。它在西北极普遍，不被人重视，就跟北方农民相似；它有极强的生命力，磨折不了，压迫不倒，也跟北方的农民相似。我赞美白杨树，就因为它不但象征了北方的农民，尤其象征了今天我们民族解放斗争中所不可缺的朴质、坚强、力求上进

---

[1] 将白杨树比作"伟丈夫"与"好女子"进行对比，突出白杨树的独特风格和个性，对白杨树的内在气质给予高度评价，很自然地由赞美树过渡到赞美人。

【纵横决荡】纵横驰骋，冲杀突击。

的精神。

【第四部分（⑦—⑧段）：歌颂白杨树朴实的风格，内在的品质，由树及人地概括白杨的象征意义。】

⑨ 让那些看不起民众、贱视民众、顽固的倒退的人们去赞美那贵族化的楠木（那也是直干秀颀的），去鄙视这极常见、极易生长的白杨吧，我要高声赞美白杨树！

【秀颀（qí）美而高。颀，高大、修长的意思。】

【第五部分（⑨段）：斥责那些贱视民众、顽固倒退的人，再一次赞美白杨树。】

作品赏析

文章开篇点题，热情赞颂了白杨树的"不平凡"，但却没有直接描绘其"不平凡"的面貌，而是把文笔宕开，去描写高原的景色。当写到对高原产生单调之感后，突然转向对白杨树的描写，犹如异峰突起，精神为之一振，感情趋向炽烈。在具体描写了白杨树的"不平凡"之后，作者又先抑一笔，说它"算不得树中的好女子"，使文章的情绪又沉下来。接着用"但是"一转，称赞白杨树是"树中的伟丈夫"。同时展开丰富的联想，层层深入地揭示出它的象征意义，文章的思想开拓出了新的境界，作者的感情也达到了高峰。最后，斥责那些鄙视白杨树的人，使感情又来了一个回旋。结尾照应开头，再一次"高声赞美白杨树"，感情炽烈，又使全文意境完整。

////////////////////////积累与表达////////////////////////

日 积 月 累

1.那就是白杨树,西北极普通的一种树,然而实在是不平凡的一种树!

2.当汽车在望不到边际的高原上奔驰,扑入你的视野的,是黄绿错综的一条大毯子。

3.和风吹送,翻起了一轮一轮的绿波,——这时你会真心佩服昔人所造的两个字"麦浪",若不是妙手偶得,便确是经过锤炼的语言的精华。

4.黄与绿主宰着,无边无垠,坦荡如砥,这时如果不是宛若并肩的远山的连峰提醒了你(这些山峰凭你的肉眼来判断,就知道是在你脚底下的),你会忘记了汽车是在高原上行驶。

5.这时你涌起来的感想也许是"雄壮",也许是"伟大",诸如此类的形容词;然而同时你的眼睛也许觉得有点倦怠,你对当前的"雄壮"或"伟大"闭了眼,而另一种的味儿在你心头潜滋暗长了——"单调"!

读 后 感 想

《白杨礼赞》读后感

白杨树,一种力争上游,坚强不屈的树;一种参天耸立,倔强挺立的树;一种傲然挺立,不折不挠的树;一种默默无闻,无私奉献的树。最近读茅盾爷爷的《白杨礼赞》的时候,有一种昂扬向上的激情充满我的全身,我被白杨树那种坚韧的精神打动了。

　　《白杨礼赞》写于1941年，当时抗日战争正处于相持阶段，那是中国最苦难的时候，战争、社会纷乱，民不聊生，却又是涌现最多能人的时代。

　　"我赞美白杨树，就因为它不但象征了北方的农民，尤其象征了今天我们民族解放斗争中所不可缺的朴质、坚强、力求上进的精神。"这句话是全文的中心句。白杨树是那么顽强，哪儿需要它，它就在哪儿迅速地生根发芽，长出粗壮的枝干。不管遇到风沙还是雨雪，不管遇到干旱还是洪水，它总是那么直，不软弱，也不动摇。它就和边疆的人民一样，有着极强的生命力，折磨不垮，压迫不倒，他们朴质坚强、力求上进。

　　在我的生活中，有很多具有"白杨树"品质的人。我是一所农村学校的普通学生，我们班上有好几个留守儿童，他们的父母都在外地打工，很少能回来看他们，但他们不仅能够生活自理，能够按时完成自己的学习任务，而且论成绩也是班上的佼佼者，有时看他们学习时的那股认真劲儿，我不禁对他们肃然起敬。这些都是我们班上正在茁壮成长的"小白杨"，他们是我学习和生活中的好榜样。另外，在生活中还有许多这样的例子，像勤劳、质朴的"城市美容师"，像奋不顾身的消防队员，还有风雨无阻、维护秩序的交通警察……

　　白杨树虽然在西北地区极为普通，但是它具有极强的生命力，绝不是平凡的树。白杨树就像一个个边疆的守卫者、建设者，我长大后也要成为扎根边疆的"白杨树"。

精彩语句

在我的生活中，有很多具有"白杨树"品质的人。

由课文中的"边疆战士"过渡到对现实中"白杨人"的描写。

妙笔生花

读过茅盾的《白杨礼赞》，你有何感想呢？动动手中的笔，写下来吧！

_____

_____

_____

_____

_____

_____

_____

_____

_____

_____

_____

_____

_____

//////////////// **知识乐园** ////////////////

一、填空。

《白杨礼赞》选自《＿＿＿＿＿＿》。本文是一篇＿＿＿＿＿，作者茅盾，原名＿＿＿＿＿＿，字＿＿＿＿＿＿，作家、社会活动加。"礼赞"一词的含义是＿＿＿＿＿＿。全文的抒情线索是＿＿＿＿＿＿＿＿＿＿＿＿＿＿＿＿＿＿＿＿＿。

二、下列加点字注音完全正确的一项是（　　　）。

A. 折磨（zhē）　　折本（zhē）　　折腾（zhē）

B. 参天（cān）　　参差（chēn）　　参考（cān）

C. 纵横（háng）　　蛮横（hàng）　　横行（hèng）

D. 倔强（jiàng）　　强壮（qiáng）　　强迫（qiǎng）

三、写出下列句子运用的表达方式。

1. 我要高声赞美白杨树。（　　　）

2. 那就是白杨树，西北极普通的一种树，然而实在是不平凡的一种树。（　　　）

3. 当汽车在望不到边际的高原上奔驰，扑入你的视野的，是黄绿错综的一条大毯子。（　　　）

四、根据材料回答问题。

材料一：白杨树在严冬里，迎着刀霜雪剑，依然伫立在寒冷的黄土地，枝枝傲骨，树树无字，树树有声。而此时，贵族的花草，却在暖房里，接受着送到叶面和根部的养料，懒洋洋地打发着没有血色的日子。

材料二：白杨树生长在西北高原，耐严寒，零下40摄氏度的条件下无冻害，深根性。抗风、抗病虫害能力强。寿命在90年以上。

它可作庭荫树、行道树，丛植于草坪，还可作固沙，保土、护岩固堤及荒沙造林树种。

1.请运用白杨树的相关材料对出下面这副对联的下联。

上联：观翠竹仰慕谦逊品节。

下联：_____

2.白杨树在西北是一种很普通的树，为什么有人要赞美它呢？请根据材料写出自己的探究结果。

_____

_____

作家经典作品

自主阅读

疲　倦

大家都已经疲倦了。想得到，要说的，都已说过了；办得到，要做的，都已做过了；剩下来还有什么呢？只觉得前途渺茫而已。热情的高潮，已成为过去，在喘息的刹那间，便露出了疲容。

"我们想得到，要说的，都已尽量地说过了；办得到，要办的，都已尽量地办过了；而事情还不过如此！"他们说。

不错！在他们既已说完一切想得到的要说的，做过一切办得到的要做的以后，而事情还不过如此，他们觉得没有路了，没有事做了，并且明明另有路另有事又不愿意去走去办，那么除了"疲倦"，他们还有什么？

最近爱多亚路的枪声①便把这普遍的疲倦状态揭开了幕。

科学的先进者是知道怎样试验的。他们故意打了个金枪针，看有什么反应。果然我们大好的华胄被他们试验出来了；金枪针打过后的反应是疲倦——低喑的呻吟与衰弱的抽搐。

打针者于是相视而笑，莫逆于心道："如何？"

这当然是新的耻辱，然而奈此人心疲倦何！

---

① 爱多亚路的枪声：1925年9月7日，上海各界群众举行国耻纪念会和游行示威后，永安纺织厂工人经过英、法租界交界处的爱多亚路时，遭到英国巡捕的殴打和枪击，多人受伤，一人被捕。

什么新的耻辱！可不是已经成了"债多不嫌"吗？

我们确是老大民族，但是近来返老还童，显出格外幼稚。人家在旁边窃窃私语道："看呀！看他高喊过狂跳过以后，就会疲倦；那时就静下来了。再一会儿，又沉沉睡着了。"不幸我们竟不出人家所料。

我确信我们这老大民族里的新生细胞在喊过跳过后并不疲倦，并不觉得无路可走，而新理想正在他们中间流布，新势力正在蓄积，可是老民族的背脊骨——那就是现在社会的中坚——却确已十二分地疲乏，要躺下去了。背脊骨不能再立若干时，一定要躺下去，新生细胞纵然勇气虎虎亦不中用。这便是目前普遍的疲倦状态的内幕。

这是脊柱衰弱症，最厉害的病症！

医生有法子治疗这凶症吗？医生摇头道："除非换一根少壮的脊柱。"个人的脊柱当然没法换一根，然而要换民族的脊柱总该有法子。

新生细胞踊跃道："让我们来试试支撑这个弱大的躯壳。"然而他们不是脊柱骨，不在其位，不让谋其事，简直是白告了奋勇。

一个更聪明的医生来了，他提出新意见："脊柱的灵魂是脊髓，脊柱只不过是一所房子，骨髓方是其中的主人。根本的治疗法在于换过房子里的主人，并不在于拆造房子。我们要从脊柱里取去干枯的脊髓，换进红润多血的新脊髓！"

新生细胞闻言欣然而去，努力作"换脊髓运动"。

但是这个工作绝非旦夕所可告成，所以这个大躯壳一定还有多少时候是疲容满面地躺着，不死不活不动。

一群年幼的细胞也昏沉沉地①感觉着疲倦，但他们名之曰烦闷。他们曾有过太美满的幻想，过分的希望；他们曾经仗借那太美满的幻想和过分的希望作兴奋剂，而热烈地活动过。譬如饮酒过度，当时果然借力，酒醒时却分外地困顿。他们实在是被自己的浪漫思想弄得疲倦了，却自谓为烦闷；烦闷到极处，可以反动，可以自杀。

这是疲倦的又一方式了。这种自造的疲倦有一个简便的治疗法，就是少饮些自醉的酒。

（原载 1925 年 9 月 20 日《文学周报》第 191 期）

---

① 本书所选文章中的某些字词的使用与现在有所不同，为保持作品完整性，本书中的"的""地""得"等均保持当时的用词习惯。

严霜下的梦

　　七八岁以至十一二，大概是最会做梦最多梦的时代吧？梦中得了久慕而不得的玩具；梦中居然离开了大人们的注意的眼光，畅畅快快地弄水弄火；梦中到了民间传说里的神仙之居，满攫了好玩的好吃的。当母亲铺好了温暖的被窝，我们孩子勇敢地钻进了以后，嗅着那股奇特的旧绸的气味，刚合上了眼皮，一些红的、绿的、紫的、橙黄的、金碧的、银灰的，圆体和三角体，各自不歇地在颤动，在扩大，在收小，在漂浮的，便争先恐后地挤进我们孩子的闭合的眼睑；这大概就是梦的接引使者吧？从这些活动的虹桥，我们孩子便进了梦境；于是便真实地享受了梦国的自由的乐趣。

　　大人们可就不能这么常有便宜的梦了。在大人们，夜是白天勤劳后的休息；当四肢发酸，神经麻木，软倒在枕头上以后，总是无端地便失了知觉，直到七八小时以后，苏生的精力再机械地唤醒他，方才揉了揉睡眼，再奔赴生活的前程。大人们是没有梦的！即使有了梦，那也不过是白天忧劳苦闷的利息，徒增醒后的惊悸，像一篇好的悲剧，夸大地描出了悲哀的组织，使你更能意识到而已。即使有了可乐意的好梦，那又还不是睡谷的恶意的孩子们来嘲笑你的现实生活里的失意？来给你一个强烈的对比，使你更能意识到生活的愁苦。

能够真心地如实地享受梦中的快活的，恐怕只有七八岁以至十一二的孩子吧？在大人们，谁也没有这等廉价的享乐吧？说是尹氏的役夫曾经真心地如实地享受过梦的快乐来，大概只不过是伪《列子》杂收的一段古人的寓言吧。在我尖锐的理性，总不肯让我跌进了玄之又玄的国境，让幻想的抚摸来安慰了现实的伤痕。我总觉得，梦，不是来挖深我的创痛，就是来嘲笑我的失意；所以我是梦的仇人，我不愿意晚上再由梦来打搅我的可怜的休息。

但是惯会揶揄人们的顽固的梦，终于光顾了；我连得了几个梦。

——步哨放得多么远！可爱的步哨呵：我们似曾相识。你们和风雨操场周围的荷枪守卫者，许就是亲兄弟？是的，你们是。再看呀！那穿了整齐的制服，紧捏着长木棍子的小英雄，够多么可爱！我看见许多认识的和不认识的面孔，男的和女的，穿便衣的和穿军装的，短衣的和长褂的：脸上都耀着十分的喜气，像许多小太阳。我听见许多方言的急口的说话，我不尽懂得，可是我明白——真的，我从心底里明白他们的意义。

——可不是？我又听得悲壮的歌声，激昂的军乐，狂欢的呼喊，春雷似的鼓掌，沉痛的演说。

——我看见了庄严，看见了美妙，看见了热烈；而且，该是一切好梦里应有的事吧，我看见未来的憧憬凝结而成为现实。

——我的陶醉的心，猛击着我的胸膈。呀！这不客气的小东西，竟跳出了咽喉关，即使我的两排白灿灿的牙齿是那么壁垒森严，也阻不住这猩红的一团！它飞出去了，挂在空间。而且，这分明是荒唐的梦了。我看见许多心都从各人的嘴唇边飞出来，都挂在空间，联结成为红的热的动的一片；而且，我又见这一片上显出字迹来。

——我空着腔子，努力想看明白这些字迹；头是最先看见："中国民族革命的发展。"尾巴也映进了我的眼帘："世界革命的三大柱石。"可是中段，却很模糊了；我继续努力辨识，忽然，轰！屋梁凭空掉下来。好像我也大叫了一声；可是，以后，什么都不知道，什么都已消灭！

我的脸，像受人批了一掌；意识回到我身上；我听得了扑扑的翅膀声，我知道又是那不名誉的蝙蝠把它的灰色的似是而非的翼子扇了我的脸。

"呔！"我不自觉地喊出来。然后，静寂又回复了统治；我只听得那小东西的翅膀在凝冻的空气中无目的地乱扑。窗缝中透进了寒光，我知道这是肃杀的严霜的光，我翻了个身，又沉沉地负气似的睡着了。

——然后，我又看见了火。这不是 Nero① 烧罗马引起他的诗兴的火；这是地狱的火；这是 Surtr② 烧毁了空陆冥三界的火！轰轰的火柱卷上天空，太阳骇成了淡黄脸，苍穹涨红着无可奈何似的在那里挺挨。高高的山岩，熔成了半固定质，像饧糖似的软摊开来，填平了地面上的一切坎坷。而我，我也被胶结在这坦荡荡

① Nero：即尼禄，古罗马皇帝。
② Surtr：即北欧神话中的火焰巨人苏尔特尔。冰雪是北欧人的大敌。传说苏尔特尔有一把发亮的大刀，常给北方来的冰山以致命的刺击。北欧神话中还说陆、海、冥三界分别为神奥丁（Odin）、威利（Vili）和维（Ve）所主宰。

的硬壳下。

"呔！"

冷空气中震颤着我这一声喊。寒光从窗缝中透进来，我知道这还是别人家瓦上的严霜的光亮，这不是天明的曙光；我不管事似的又翻了个身，又沉沉地负气似的睡着了。

——玫瑰色的灯光，射在雪白的臂膊上；细白米一样的齿缝间淌出 Sirens① 的迷魂的音乐。可爱的 Valkyrs②，刚从血泊里回来的 Valkyrs，依旧是那样美妙！三四辈少年，围坐着谈论些什么；他们的眼睛闪出坚决的牺牲的光。像一个旁观者，我完全迷乱了。我猜不透他们是准备赴结婚的礼堂呢，抑或是赴坟墓？可是他们都高兴地谈着我所不大明白的话。

——"到明天……"

——"到明天，我们不是死，就是跳舞了！"

——我突然明白了；同时，我的心房也突然缩紧了；死不是我的事，跳舞有我的份儿吗？像小孩子牵住了母亲衣裙要求带赴一个宴会似的，我攀住了一只臂膊。我祈求，我自讼。我哭泣了！但是，没有了热的活的臂膊，却是焦黑的发散着烂肉臭味的什么了——我该说是一条从烈火里掣出来的断腿吧？我觉得有一股铅浪，从我的心里滚到脑壳。我听见女子的歇斯底里的喊叫，我仿佛看见许多狼，张开了利锯样的尖嘴，在撕碎美丽的身体。我听得愤怒的呻吟。我听得饱足了兽欲的灰色东西的狂笑。

① Sirens：古希腊传说中半身是人半身是鸟的海妖，用美妙的歌声诱杀过路的海员。
② Valkyrs：北欧神话中神的十二个侍女之一。其职责是引领阵亡者的神灵赴奥定神的殿堂宴饮

我惊悸地抱着被窝一跳，又是什么都没有了。

呵，还是梦！恶意的揄揶人的梦呵！寒光更强烈地从窗缝里探进头来，嘲笑似的落在我脸上；霜华一定是更浓重了，但是什么时候天才亮呀？什么时候，Aurora^①的可爱的手指来赶走凶残的噩梦的统治呀？

1928 年 1 月 12 日于荷叶地

（原载 1928 年 2 月 5 日《文学周报》第 6 卷第 2 期）

---

① Aurora：古希腊曙光女神。她将光明带往人间。

故乡杂记（节选）

内河小·火轮

从火车上就看见"欢迎国联调查团[①]"的白布标语，横挂在月台的檐下。这是中英文合璧的标语，今天清晨离开上海时，曾见到处张贴着此类标语，不料行了四小时，而此类标语，早已先我而在！中国统治阶级办事的手腕，有时原也很敏捷的。据各报消息，国联调查团将于明晨到达上海，而且将来经行沪杭路与否，尚不可知；然而这里车站上却已先期欢迎。于此又见中国统治阶级办事的手段有时异常精细而周到了。

车站大门上又有一条白纸黑字的招纸："税警团后方伤兵医院招待处"。

于是我忽然由"税警团"联想到鼎鼎大名的王赓，又联想到了陆小曼女士和已故诗人徐志摩。更想到志摩在《猛虎集》序文中所反复自悼的"诗情枯窘"了。记得前年秋天在上海遇见他时，他也有同样的悲感——虽然他说话的态度永远是兴高采烈而且诙谐。那时我曾经这么发问："你推求过你这近年来诗思枯窘的原因吗？"

---

① 国联调查团：1932 年 4 月，国际联盟派英国贵族李顿（V．Lytton）率调查团来中国东北调查"九一八"事变。

他耸耸肩膀微笑。过了一会儿，他吐露这样的意思：诗题尽有，但不知怎的，猛烈的诗情不能在他胸中燃烧。现在，经过了火与血的上海"一·二八"，假使徐志摩尚在，不知他还依旧感到诤隋枯窘不？

这么胡乱想着，想着，我已经离开了车站，杂在一群各色人等皆有的杂牌旅客军中，冲开了人力车和脚夫的包围——还有连声唤问"南湖去喂？"的船娘，走到内河小火轮的埠头上了。这是个混杂的埠头。所有往来苏湖一带"内地"各市镇的轮船全都麇集在这里，卸下了旅客，又装上了旅客。我挤上了一条"无锡快"，问明白是经过我的故乡的，就从叫卖着"花生酥""荸荠"等小贩的圆阵内跑进船舱里去了。

已经是满舱的人，都是故乡的土白。这条船虽则要经过不少"码头"，但照例十之八九是我的故乡的旅客；十年前如此，现在仍然如此，就不知道再过十年将怎样。

船，已经不是十年前那条船，但船中的布置，形形色色的旅客，挤来挤去的小贩，都和十年前没有什么两样。只多了一两位剪发时装的女郎算是一九三二年的记号。

船头上仍旧挂着一块"水板"，淡墨的字是沿途所到各市镇的名儿，并肩排作一列；另一行大书"准一点半开船"，却是照例不"准"，照例要延迟。

我看自己的表，还只有十二点钟；我只好耐心坐在那里等候了。

渐渐儿从嘈杂的人声中辨出两三个人的对话来。一望而知都是小商人，很热心地在谈论上海战事的将来。他们以为中日间的"不宣而战"，还要继续与扩大，而结果一定是日本军的败北。他们中间一位剃了和尚头的四十多岁的人，很肯定地说：

"定规还要打！不打，太呒交代。东洋小鬼就是几只飞机兵船厉害，东洋兵是怕死的！东洋兵笨手笨脚，不及中国兵灵便，引他们到里厢，东洋的兵船开勿进来，飞机不认识路，东洋兵一定要吃败仗！"

"蛮对！要引他们进来。松江造好一个飞机场了。火车来时，你看见铁路旁边掘战壕吗？松江落来①，一连有四道战壕已经掘好了！"

另一个三十多岁的瘦长子接着说，并且意外地对我看了一眼，似乎要我出来证实他的"军事发现"，我又微笑了。松江左近新筑飞机场，当车过松江时，已经听得人们在那里说。至于"一连四道的战壕"呢，我是目击的；但我就有点怀疑于那样短短而简陋的壕沟能有多大的防御能力。从前我看见军官学校学生打野操时掘的战壕，就还要长，还要复杂。可是我并没把这疑问提出来叫那两位"主战的"小商人扫兴，我只是微笑。

坐在我旁边的第三位"老乡"，五十多岁的小商人（后来我知道他就是故乡某绸缎铺的经理），觉得我的微笑里有骨头，就很注意地望了我一眼，同时他摸着下巴很苦闷地自言自语着：

"定规是还要打。不过，一路来总不见兵，奇怪！——"

立刻那位三十多岁的瘦长子跳起来纠正了，险一些碰翻了站在旁边仰脸呆看的江北小孩子的荸荠篮。瘦长子虽然清瘦，声音却很大：

---

① 落来：方言，即以下的意思。

"啊，老先生，你弄错了。中国兵不是沿铁路驻扎的，都藏在乡下。——为啥？避避国联调查员的眼睛呀！你不相信，去看！嘉兴城里也不扎兵。不过，落去到陶家泾，就驻扎了两万多兵，全是驻扎在茧厂里——"

他的话在此一顿，伸手抓一下头皮，然后转身把嘴巴凑近了那位剃了和尚头的同伴的耳边，又用左手掌掩在嘴边，显然有几句更重要更"机密"的话将要说出来；却不料他身旁那位仰脸呆看的卖荸荠的江北小孩子猛然觉醒过来似的本能地喊卖起来：

"荸荠呀！拣白荸荠呀！"

这一声叫卖虽然是职业的响亮而且震耳，但在此嘈杂的"无锡快"中却也并不见得出众的讨厌；然而我那位三十多岁的瘦长子老乡蓦地生气了。他不说话了，反手将卖荸荠的江北小孩子一推，就喊道：

"讨厌！卖荸荠的出去！江北人顶惹厌！上海要捉江北人，江北汉奸！"

同船的人都哄然大笑，也一叠声喊着："江北人出去，出去！"那边房舱里的客人也被惊动了。有一位剪发的女郎探出头来看望。她穿一件灰色法兰绒的春大衣，毛葛长旗袍，旗袍的跨缝也开得很高，露出那长而且大的裤管，粗看就仿佛像一条裙子似的晃着晃着。小江北人提起荸荠篮怔了片刻，就慌慌张张跑到后艄去了。另一个卖花生酥的黄脸男子，门牙都落在嘴唇皮外，又怪样地留着一抹黄须的，就填补了那个小江北人遗下来的地盘。

不知道是何因缘，那卖花生酥的黄脸汉子认定了我是一个好主顾，用了苍蝇叮血那样的韧精神来向我兜售他的货品了。他翘起他那乌黑的长爪甲的手指，从他的托盘内取出一盒花生酥打开来，拈了一块直送到我的鼻子尖，一面夸奖他的货色：

"闻闻看，喷香，鲜甜，时新货！你先生是吃惯用惯！上一趟你交易了十盒去，送送朋友，大家称赞！今回还是十盒吧？另外买一盒，船里消消闲！"

我真有点窘了，碰见这样生意经烂熟的小贩，居然硬派我是他的老主顾，并且上一趟还交易过十盒。已有十年之久，我不曾坐过这条船！何来"上一趟"的交易呀！但是这位黄脸汉子，当真有些儿面熟。哦，想起来了，前年五月我送母亲回家，曾到这轮埠来过，许就是那时见过这卖花生酥的黄脸汉。至于时新货的花生酥，我在上海棋盘街商务印书馆发行所门前，时常碰到，我实在很不喜欢此类甜点。可是被他这一纠缠，我不能再静听老乡们议论军国大事了；我只好逃开，也是往船艄上一钻。

经过了那房舱时，我看见里面塞满了人，三个男的两个女的，另外一个将近三岁的小孩子。刚才探头出来张望的时装剪发女郎坐在那里吃甘蔗。另一位女郎（看后影也是很时髦的），则在船窗口买进了大批的水浸去皮的荸荠来。那浸荸荠的水就是从河里汲的，太阳照着微微闪着金绿色；不远的地方就有人在河滩洗衣，淘米，甚至于倾弃垃圾。

我们故乡一带的河道，负的任务可真不少呀！它是交通的脉络，它又是人民饮水之库，它又兼任了垃圾桶的"美差"！

当下我爬上后艄，立刻又被另一批小贩所包围了。我应付不开，便取了不理的态度，一面在口袋里掏出卷烟来。哪知道当即有人划着火柴送到我眼前。我一怔，就站起来了；还没有看清是什么人送火来，却已经听得那人带笑说：

"客人，请坐吧！——便的，便的！交易几包瓜子大王吧？船里消消闲！"

我这才明白又是一位小贩。我忍不住微笑了，但心里却是一阵酸。艰难的生活斗争把他们磨炼成这种习惯了！虽然我素来不喜欢咬瓜子"消闲"，此时却觉得不交易几包似乎太对不起人了。我便买了几包所谓"瓜子大王"，塞在衣袋里，转身去找船上的茶房攀谈：

"客人已经塞满了，还等什么呢？"

"等邮政包封呀！"

是异常不客气的回答。

我又微笑了。我以为船上茶房之类大概是不大会客气的。但是我这决定立即被推翻。又来了一个中年灰气色脸的男子，那位不客气的茶房立即就变成异常"君子之风"，——简直可以说是过分的巴结。他撩起身上的"作裙"，在一张凳上抹了又抹，赔笑地请那位灰气色脸的男子坐下，又赶快找出话来报告道：

"四先生，你看！前面两只装米的杭州船被兵营里扣住了，装了子弹！四先生，你看船脚多少重呀！"

灰气色脸的男子微微一颔首，从牙缝里哼出几个字来：

"还要打呢！"

我向河里望，果然有两条木船并肩泊着，船里有一些木箱子，有两三个丘八①坐在箱子上吸烟。我想：沿铁路有些玩意儿的"战壕"，离铁路沿线乡下有兵，而这里又扣船运弹药，这一切，在嘉湖一带的小商人看来，当然是很浓厚的战时空气了。然而他们又有一个古怪的思想：一星期内尚不至于开火，因为国联调查团在上海。这一个不知何所见而云然的理解，立即又由那所谓四先生者表示出来：

"喂，阿虎，今天上来时看见斗门有兵吗？外国调查员一走开，就要开火呢！火车勿通，轮船行不得，东洋乌龟勿入调！"

我忍不住又微笑了。他们把"东洋人"和"中华民国"看成两条咬打的狗似的，有棒子（国联调查团）隔在中间时，是不会打起来的，只要棒子一抽开，立刻就会再打。而国联调查团也就被他们这么封建式地理解作三家村的和事老阿爹。他们的见解是这样：和事佬阿爹永远不能真正制止纷争，但永远要夹在两造中间做和事佬，让打得疲倦了的两造都得机会透回一口气来。

小贩们的兜卖不绝地向我下总攻击。好像他们预先有过密约，专找我一人来"倾销"。并且他们又一致称我为"老主顾"。可是我实在并没"异相"可以引起他们的注意，而且自从上船以来除买了瓜子而外，也没撒手花过半个钱。而何以我成了他们"理想中"的买主呢？后来我想得了一个比较妥当的解释：因为其余的旅客大都常乘这班船，小贩们已经认得，已经稔知他们不肯买时就硬是不买；而我呢，则是生客，又且像是一个少爷，——所谓吃惯用惯，因而就认为

---

① 旧时称兵（"丘"字加"八"字成为"兵"字，含贬义）。

是有缝可钻的蛋，拼命地来向我捆卖了。而也因为是生客，所以虽得小贩们的热烈包围，却不能得到船上茶房的较为客气的接待。

不用说，在等候船开的一个半钟头内，我这位生客很叫那些拥上前来又拥向后去的小贩们失望了；和不客气的船上茶房却成立了一笔生意——我泡了一壶茶。

一点半又过二十分，拖带我们这"无锡快"的柴油引擎小轮方才装足了燃料，发出了第一次的马达声和第一声的汽笛。

我松了一口气。为的终于要开船，而且为的小贩们都纷纷上岸了。

拖了我们那"无锡快"的柴油引擎小轮船气喘喘地发怒似的全身震动着，从各式各样的大小船只的乱阵中钻过，约莫有半小时之久，方始绕到北门。在这里，又有"片刻"的停泊，又涌来了最后一批的搭客。实在我们那"无锡快"早已"满座"，并且超过了船里所挂的"船照"上规定的乘客人数了；但最后下来的十多人也居然如数收纳，似乎人们所占的面积是弹性的，愈压紧就愈缩小。而"船照"上所规定的限制人数三十位却是弹性最大限度的标准罢了。我这理论，立刻又被证实。因为一注"意外的收入"又光降我们这条"无锡快"了。有一条"差船"和十来个武装同志要求拖在我们后面。他们要到陶家泾，正是我们那轮船所必经的"码头"。那"差船"是乡下人用的"赤膊船"，光景是征发来的；船里仿佛就只有十来个兵。

我不能不说这些武装同志委实是十二分客气。因为他们仅仅要求"附拖"，并没把施之于乡下赤膊船的手段加在我们那轮船上。

虽然这一来附拖，轮船局里将多费了毫无代价的几加仑柴油，然而随轮的账房先生也知道"爱国"，毫没难色地就允许了。实在也是不由他不答应，因为"差船"早已靠上来，十几个武装同志早已跳在柴油小轮和"无锡快"上，沿着船舷，像觅食的蚂蚁似的不断地来来往往。

"那边好！那边好！"

他们叫唤着，招呼着。立即有五六位跳到船头上，把身子一挫，就打算往舱里钻。舱里实在挤得太满了，探头在舱门口的两三位也显得踌躇了。于是他们将就在船头上蹲着。他们都是徒手，湖南口音。

这时候，另外有五六位实行了"包抄"的战略，从船艄侵入到舱里来了。他们在那狭得只容人侧身而过的孔道中（实在就是人缝中）拥来拥去，嘈嘈杂杂叫喊些不知什么。

忽然船窗外的舷板上有一个人气急地高声吆喝：

"出来！出来！里边不准去，不准去！"

一面这么说，一面这人就也跑到船头上了。这是一位挂武装带的官长（我猜他是一个排长），灰布的军衣和马裤，却没有绑腿，腰间是一支盒子炮，并没那木盒，很随便地倒插在武装带里，另用一根南货店里扎货包的细麻绳一端拴住了那盒子炮口的准头，又一端就吊在斜皮带近肩头的孔内。所以虽则是一支盒子炮，却不是取了"佩"的方式，而是像长枪那样"背"起来了。这位官长到了船头上，就用手里的一根细竹梢敲着自己的皮鞋，带几分口吃的样子对他的弟兄们说：

"里边不准，不准去！这里，这里，也不能蹲！老百姓要做生意！"

他接连说了几遍，弟兄们方才懒洋洋地起来，分做两支，又沿着船舷，橐橐地往后艄那方面跑，因为他们那"差船"就泊在"无锡快"的后面。那官长探头向舱里一望，刚好看见先已在舱中的五六位像痴人似的在那里乱钻乱拱，于是他也钻进舱来，在人堆里扬起他的细竹梢，满口嚷着湖南白，也要赶那五六位出去。好容易把这五六位赶到船头上，又也沿着船舷，橐橐地往后艄跑，这位官长已经累得满脸汗珠了。他自己倒并不想坐这"无锡快"，他重复跑到船头上，也沿着船舷往后走，不料刚才被他从舱里赶出来的五六位又早盘踞在船艄上，而最初蹲在船头的几位则已经由船艄而中舱，又蹲在船头上了。

这一个新式的捉迷藏，引得满船的旅客都哄然笑起来了。站在后艄舷板上的那位官长却笑不出来，只是把脸涨红。大概他觉得在许多老百姓前暴露了自己的没有威严是太丢脸吧？他下了决心了。他发急地用细竹梢敲着船板，对后艄上的弟兄们说：

"对你们说，这里不得蹲，不得蹲！何该？——这里是老百姓要做生意的！到'差船'上去！那边是一个空船，没得人，蹲在这里不——"

他的呼吸急促了，脸更涨得红，手里的细青竹梢不住地呼呼地挥着。

弟兄们垂着头装瞌睡，完全不理这位官长的命令。

而小轮上的老大恰又拉起回声来，是催促这些武装同志赶快安排好，船是不能再多延挨时光了。

后来幸而老百姓也来"说话"，这才总算把后艄的五六位弄到了那只"差船"上，那时蹲在船头上的几位却在那里吃花生，唱"打倒列强"的老调子。那位官长也就"善刀而藏"，他自己也挤到船头上蹲在那里。

陶家泾是沿途所过的第一个码头。这是极小的乡镇，总共不过十来家小铺子，但现在却连这十来家小铺子都关着门，只有兵在岸上行。附拖的"差船"在这里放下，兵们都上了岸。此时方才看见"差船"里原来还有东西，是几把青菜和油豆腐，一个兵提了，笑盈盈地走到一座草房后去了。

此时已有三点钟，而横在我们前面的路程却还有三分之二强。近来内河小轮常常遭匪劫掠，天黑后行船是非常冒险的；有几位旅客因此很表示了焦灼了。他们唯一的希望是此去别无延搁，可以开足了速率走。然而不幸，在陶家泾开船后走不到两三里路，船又忽然停了。看岸上时，是一座停业中的茧厂，现在却借作兵营，沿茧厂左近的矮小平房也都驻了兵，其中有一间平房的门口站着门岗，立一杆幡形的长旗，大书陆军第某师某团某营本部。军用电话的铃声在那间平房里激灵灵地响。

同船的旅客都忙乱起来了，交头接耳地纷纷询问：

"船又停了，为什么呀？难道要扣去装兵吗？"

没有一个人能够给确实的回答。但船是停住了，声音最大的柴油引擎小轮船此时默然不响，简直是不打算再赶路的模样。

"机器坏了！"

有一个茶房从船头上跑来说。原来不过是机器坏！于是大家都松一口气。杂乱的议论跟着就起来了。在先那位喜欢谈谈军国大事的瘦长子老乡就很得意地在大腿上拍一下说：

"我说不是捉差，果然呀！他们白天里不调动兵队。——为啥？恐防东洋人在飞机里看见掷炸弹呀！"

于是他就屈着指头，历数某日某时东洋人的飞机曾经飞过沭院，飞过桐乡，飞过某某地方。他已经忘记只在两小时前他还同意过他那位光头同伴的"东洋人飞机不认识路"的论调。

光头的同伴努力附和着。他又称赞这兵调来得真快；前三天他"上去"时经过这里，还没看见有兵哪。但是五十多岁的绸缎店经理却在一旁摇头，——谁也不能猜透他这摇头是什么意思；他的脸色依旧是那样苦闷，他不说话，只把左手的四个爪甲很长的指头在桌子边轻轻地有节奏似的敲着。过一会儿，他转脸对那个瘦长子同伴说：

"吉兄，打到里边来，连里边的市面都要吵光啰。上海北头，横直是烧光末，要打就在北头打！伊的兵队调动得快，为啥勿早点调到上海，同十九路军一淘打？总归是勿齐心，自淘伙里七支八搭！"

叫作"吉兄"的瘦长子于是也皱一下眉头，觉得无话可答，就伸一个懒腰急急地咒骂那轮船了：

"触霉头格轮船！半路上插蜡烛！今朝到埠勿过七点钟，算我的东道！"

说着，他就挤到船头上看"野眼"去了。

这时船既停下来，就没有了风，塞满了四十多人的船舱就更加闷热，空气也很恶浊。小孩子们啼哭，老太婆谈家常，又谈到某处庙里的菩萨满身是血，两眼流泪，所以"世界不太平"了。

我爬在船窗口看岸上的兵。听口音都是两湖人。态度异常"写意"，毫没有摩拳擦掌准备厮杀的神气。有二十来个兵拿了铲子和土畚在那里填平他们的"营本部"门前的泥路。他们的工作就像唱昆曲的戏子似的一摇一摆，十分从容。离"营本部"右方一箭之远就是那停业中的茧厂，唯一的高楼房，也住着兵，可是既没有门岗，也没放步哨，兵们是三三两两地在茧厂前的空场上开玩笑。有几位脱下了衣服，蹲在地下捉虱子。他们不打绑腿，穿的是绿帆布的橡皮底"跑鞋"。他们都是徒手，空场上也不见他们搭的枪架。

只有四个兵全身武装，在相离"营本部"左右五六丈的泥路上来回行，——大概他们就是步哨。

河滩上有许多兵在那里洗衣服。他们利用了老百姓家里的春凳，把水淋淋的衣服在春凳上啪啪地打。打过后就提着衣服跳上泥岸，抖开了铺在小桑树上晒。这一带的桑树全挂满了灰色军服。

忽然在灰色中显现出鲜明的一点来了！那是在作为"营本部"那间平房的东间壁。也是同样的平房，看样子本来是杂货铺子，但现在当然只有兵。我所说的"鲜明一点"就在这间平房里飞快地一晃。我看得很明白，是一位剪了头发的女子莲到门前对我们那轮船看了一眼。虽然不是都市女子的服装，但也不像乡村女子，只看她一头短发剪得何等"入时"呀！一路来，常见竹篱茅屋畔探露出剪了头发的女子的上半身，可是无论如何我一眼就能判定她们是真正的村姑，和眼前这一闪就不见了的一位有很大的不同。我很盼望她再出来一次，但是使我失望，那平房的没有门窗的外边半间里始终只有兵们走进走出，一张破桌子旁坐着几位像是什么"值日官"之类的斜皮带者，不住地在那里吸香烟。

随军一定有几位"女同志"，想来于今是惯例了吧？

离这平房再往东些，又有七八个"乡下人"围坐在一张板桌边，他们身上各有一条白布符号，可惜相隔远了，看不清楚白布上写的是什么字。在兵们中间，他们显得十分拘束，而且垂头丧气很苦恼。后来听船上人说，这七八位就是拉来的伕子。

有位挂斜皮带的官长从东边的小桥岔道处跑了来（那边不见有散散落落彳亍的兵），到得"营本部"的平房门外，就喊了一声：

"报告！"

门开了，当门站着一个卫兵，门边泥墙上挂着三四顶军帽和一套军衣。不多一会儿，就听见电话铃响，又有高朗的说话声音。又过了一会儿，就看见先前进去的那位官长跑出来了，手里拿着一封公文，仍旧向来路走去。

时间已经过去了一小时许，我们那条柴油小轮依旧没有活动的征兆；据说那损坏的一部分机件已经修好了装上去，但是不灵，现在又拆下来重新修理。旅客们都等得不耐烦了；有几位要在第二站的祆院下船的，就说早知如此，船停时就上岸走，现在早已到家了。那位最得茶房欢迎的灰气色脸四先生死洋洋地对茶房说：

"喂，阿虎，看来要在船里吃夜饭啰，米够吗？"

茶房阿虎咧开嘴巴笑，停一会儿，方才回答道：

"快哩，快哩！修修机器，蛮便当的。"

当真岸上的兵们搬出夜饭来了。两个也穿灰布军衣的人先抬出一箩饭来放在路口，接着又抬出一只大铜锅，锅身上的黑煤厚簇簇的就和绒毛相似。锅里是青菜和豆腐混合烧成的羹。抬锅的人把这青菜豆腐羹分盛在许多小号脸盆似的洋铁圆盒里，都放在泥土上。于是五六个兵一组捧一盆青菜豆腐羹，团团围住了，就蹲在泥地上吃。饭是白米饭，但混杂的砂石一定不少，因为兵们一面大口地往嘴里送，一面时时向地上吐唾沫。

我们船上的人总有一半爬在窗口看兵们吃饭。忽然那位三十多岁的瘦长子老乡钻进舱里来，看着五十多岁的绸缎店经理说：

"当兵真苦。你看他们吃点啥东西呀！东洋兵每顿是大鱼大肉，还有好酒，娇养惯哩，故所以勿会打仗！再打啰，东洋兵必败！"

绸缎店经理苦着脸，还没回答，突然从船头上送来了卜卜卜的一阵响，柴油小轮的机器终于修好，船又动了。

以后的水程算是没有意外的阻搁。柴油小轮以每小时十八华里[①]的速率向前走着。谜一样的未来中日之战又成为旅客们谈论的题材。我不能不说他们那谈论还只是"消闲"的性质，正和他们咬瓜子"消闲"相仿佛；但是一种焦灼和愤慨，却也常在话意中透露出来。虽然同是小商人，然而他们的意识情感又和沪杭车中我所接触的小商人很有些不同了。封建的内地乡镇的小商人的他们似乎比大都市内的小商人更为"盲目"，更为"乐观"，同时亦更为容易受"欺骗"。因为是更"盲目"，他们不感知大地震似的剧变即在不远的将来，

---

① 华里：指市里（计量里程的单位），等于 500 米。

他们只认眼前的"不太平"是偶然；也是因为这"盲目"，他们比大都市里的小商人较少些颓废的气息，而成为"乐观"。

而这"乐观"又是迷信的，拜物教的。叫作"吉兄"的三十多岁的小商人就时常流露了这样的"乐观"。他安慰他的常常苦着脸的同伴说：

"陶家泾落来，扎了两万多兵呢！东洋兵路勿熟，包管冲勿过来。你看，到处装好军用电话，东洋兵有点动静，答答地方①全晓得，东洋兵想偷营也勿会成功的。"

他很卖弄似的用手指着徐徐往后退的岸上的桑园。这里的矮桑树尚只有极小的嫩芽，矮而粗的树干上挂着深绿色的军用电话线（后来我知道这里几条毫不打紧的军用电话线很使附近乡镇中的土财主慌张了，以为这就是划成军事区域，他们带着大箱小笼就逃难）。

五十多岁的绸缎店经理点头表示同意了。但他立即很不放心似的看着他们的同伴们提出一个问题来：

"外国调查员讲得拢喂？顶好是讲讲拢，勿要再打。"

没有回答。似乎西洋鬼子毕竟和东洋矮子有点不同，而自信是对于东洋矮子的"鬼心思"颇能灼见而大放议论的瘦长子老乡碰到关于西洋鬼子的事，也失了把握，不敢妄赞一词了。他很无聊地举起茶来喝。

我忍不住加入了一句问话：

"再打下去怎样呢？"

---

① 答答地方：即到处的意思。

大家都愕然转眼对我看，仿佛猛不防竟听得一个哑子忽然说起话来。并且他们的眼睛里又闪着怀疑的光彩。我看出这些眼睛仿佛在那里互相询问：他不是什么党部里的人吧？但幸而我的口音里还带着多少成分的乡音，他们立即猜度我大概是故乡的一大批"在外头吃饭"的人们之一，所以随即放宽了心了。问过我的"贵姓"以后，他们又立即知道我是某家的人，"说起来都是相熟的"。

他们反倒先谈起我老家里的事，举出了许多我所不大记得的本家，亲戚，以及"世交"的人名来。这些，我也乐于倾听，但我到底觑机会又回到我原来的问话：

"照各位看来，是再打好呢，还是不要打？"

绸缎店经理叹了一口气，唯恐被人听了去似的低声回答：

"论理呢，一定要打。不过我们做生意人日子难过：上海开了火，钱庄就不通，账头又收不起，生意上的活路断得干干净净了；近年来捐税忒重，生意本来难做，乡下人穷，乡庄生意老早走光；现在省里又要抽国难捐，照旧捐加二成，听说就是充做打仗的军饷，你想，不曾开火，先来做生意人头上抽捐了！"

"抽捐去真和东洋人开仗，倒还无啥，就恐怕捐是抽了，仗又勿打。"

光头的老乡赶快接口说，鼻子里哼了一声。

三十多岁的瘦长条子却所见不同。他很有把握地说：

"一定要打！伊拉勿抵桩①打东洋人，调啥格兵！"

---

① 抵桩：即预备的意思。

我忍不住又微笑了。我觉得这位"蒙在鼓里"的主战热者未免太可怜了。不问他们是信也罢，不信也罢，我不能不打开天窗说亮话：

"老百姓尽管一腔热血主张打，那结果是一定不再打了。老百姓要的事，恰就是当局所勿要。现在的事情就是这么着。"

"那么，陶家泾扎下两万兵，拉伕，捉船，乡下人逃光，地方上当差使，小小一个镇，要分摊到千把只洋，真是活见鬼啰！"

瘦长子表示了稀有的兴奋，一口气说出来了。我正想回答，忽然那位四十多岁的光头同乡又节外生枝地插进一句话：

"嘉兴到苏州一路扎的兵越多，小火轮倒是三日两头抢！——新近出一桩三十万的大抢劫案，抢是抢了，失主还不敢报官，你想想！"

"就是伊拉自家做的呀！"

瘦长子做一个鬼脸，很轻声地接口说。我明白这是指的什么，记得俗语有所谓"虫吃虫"，正就是那件大抢劫案的注脚。我笑了一笑，又回到老题上：

"要抽国难捐吗？兵队调动就不过告诉老百姓有国难，要抽国难捐！"

"生意是越弄越难做了！"

三位老乡同声说，脸上都是异常失望。

船上的茶房来收茶壶了。他回答一个旅客的询问：

"茶亭到哩！到双林要在半夜里啰。"

这时天已经黑了，我望望外边，看见不远的前面有黑簇簇的房屋和几点灯光。我一眼就认出这是故乡到了。虽然相隔已有十年之久，但眼前的故乡还是和我记忆中十年前的故乡没有什么两样。

"大概能够分别出这确是一九三二年的家乡的特点，也只是多一些剪发旗袍的女郎吧？"

我望着渐近的房屋，心里这样想。但后来我知道我这论断有一半是对的，又一半却不尽然。一九三二年的中国乡镇无论如何不可与从前等量齐观了。农村经济的加速度崩溃，一定要在"剪发旗袍的女郎"之外使这市镇涂染了新的时代的记号。

而最最表面的现象是这市镇的"繁荣"竟意外地较前时差得多了。当我们的"无锡快"终于靠了埠头，我跳上了那木"帮岸"，混入了一群看热闹以及接客的"市民"中间的时候，我就直感到只从一般人的服装上看，大不如十年前那样整洁了。记得十年前是除了叫花子以外就不大看见衣衫褴褛的市民，但现在却是太多了。

街道上比前不同的，只是在我记忆中的几家大铺子都没有了，——即使尚在，亦是意料外的潦倒。女郎的打扮很模拟上海的"新装"，可是在她们身上，人造丝织品已经驱逐了苏缎杭纺。农村经济破产的黑影重压着这个曾经繁荣的市镇了！

（原载 1932 年 7 月 1 日《现代》第 1 卷第 3 期）

半个月的印象

天气骤然很暖和，简直可以穿"夹"。乡下人感谢了天公的美意，看看米罂里只剩得几粒，不够一餐粥，就赶快脱下了身上的棉衣，往当铺里送。

在我的故乡，本来有四个当铺；他们的主顾最大多数是乡下人。但现在只剩了一家当铺了。其余的三家，都因连年的营业连"官利都打不到"，就乘着大前年太保阿书部下抢劫了一回的借口，相继关了门了。仅存的一家，本也"无意营业"，但因那东家素来"乐善好施"，加以省里的民政厅长（据说）曾经和他商量"维持农民生计"，所以竟巍然独存。然而今年的情形也只等于"半关门"了。

这就是一幅速写：

早晨七点钟，街上还是冷清清的时候，那当铺前早已挤满了乡下人，等候开门。这伙人中间，有许多是天还没亮足，就守候在那里了。他们并没有什么值钱的东西。身上刚剥下来的棉衣，或者预备秋天嫁女儿的几丈土布，再不然——那是绝无仅有的了，去年直到今年卖来卖去总是太亏本因而留下来的半车丝。他们带着的这些东西，已经是他们财产的全部了，不是因为锅里等着米去煮饭，他们未必就肯送进当铺，永远不能再见面（他们当了以后永远不能取赎，也许就是当铺营业没有利益的一个原因吧）。好容易等到九点钟光景，当铺开门营业了，这一队在饥饿线上挣扎的人们就拼命地挤轧。当铺到十二点钟就要"停当"，而且即使还没到十二点钟，却已当满了一百二十块钱，那也就要"停当"的；等候当了钱去买米吃的乡下人，因此不能不拼命挤上前。

挤了上去，抖抖索索地接了钱又挤出来的人们就坐在沿街的石阶上喘气，苦着脸。是"运气好"，当得了钱了；然而看着手里的钱，不知是去买什么好。米是顶要紧，然而油也没有了，盐也没有了；盐是不能少的，可是那些黑滋滋像黄沙一样的盐却得五百多块钱一斤，比生活程度最高的上海还要贵些。这是"官"盐；乡村里有时也会到贩私盐的小船，那就卖一块钱五斤，还是二十四两的大秤。可是缉私营利害，乡下人这种吃便宜盐的运气，一年内碰不到一两回的。

看了一会儿手里的钱，于是都叹气了。我听得了这样的对话在那些可怜的焦黄脸中间往来：

"四丈布吧！买棉纱就花了三块光景；当当布，只得两块钱！"

"再多些也只当得两块钱。——两块钱封关！"

"阿土的爷那半车丝，也只喝了两块钱；他们还说不要。"

不要丝呵！把蚕丝看成第二生命的我们家乡的农民做梦也没有想到他们这第二生命已经进了鬼门关！他们不知道上海银钱业都对着受抵的大批陈丝陈茧皱眉头，是说"受累不堪"！他们更不知道此次上海的战争更使那些搁浅了的中国丝厂无从通融款项来开车或收买新茧！他们尤其不知道日本丝在纽约抛售，每包合关平银五百两都不到，而据说中国丝成本少算亦在一千两左右呵！

这一切，辛苦饲蚕，把蚕看作比儿子还宝贝的乡下人是不会知道的，他们只知道祖宗以来他们一年的生活费靠着上半年的丝茧和下半年田里的收成；他们只见镇上人穿着亮晃晃的什么"中山绨""明华葛"，他们却不知道这些何尝是用他们辛苦饲养的蚕丝，反是用了外国的人造丝或者是比中国丝廉价的日本丝呀！

遍布于我的故乡四周围，仿佛五步一岗，十步一哨的那些茧厂，此刻虽然是因为借驻了兵，没有准备开秤收茧的样子，可是将要永远这样冷关着，不问乡下人卖茧子的梦是做得多么好！

但是我看见这些苦着脸坐在沿街石阶上的乡下人还空托了十足的希望在一个月后的"头蚕"。他们眼前是吃尽当完，差不多吃了早粥就没有夜饭，——如果隔年还省下得二三个南瓜，也就算作一顿，是这样的挣扎，然而他们饿里梦里决不会忘记怎样转弯设法，求"巾"求"保"，借这么一二十块钱来作为一个月后的"蚕本"的！他们看着那将近"收蚁"的黑霉霉的"蚕种"，看着桑园里那"桑拳"上一撮一丛绿油油的嫩叶，他们觉得这些就是大洋钱，小角子，铜板；他们会从心窝里漾上一丝笑意来。

我们家有一位常来的"丫姑老爷"，——那女人从前是我的祖母身边的丫头，我想来应该尊他为"丫姑老爷"庶几合式，就是怀着此种希望的。他算是乡下人中间境况较好的了，他是一个向来小康的自耕农，有六七亩稻田和靠廿担的"叶"。他的祖父手里，据说还要"好"；账簿有一叠。他本人又是非常勤俭，不喝酒，不吸烟，连小茶馆也不上。他使用他的田地不让那田地有半个月的空闲。我们家那"丫小姐"，也委实精明能干，粗细都来得。凭这么一对儿，照理该可以兴家立业的了；然而不然，近年来也拖了债了。可不算多，大大小小百十来块吧。他希望在今年的"头蚕"里可以还清这百十来块的债。他向我的婶娘"掇转"二三十元，预备趁这时桑叶还不贵，添买几担叶。（我们那里称这样的"期货叶"为"赊叶"，不过我不大明白是否这个"赊"字。）我觉得他这"希望"是筑在沙滩上的，我劝他还不如待价而沽他自己的廿来担叶，不要自己养蚕。我把养蚕是"危险"的原因都说给他听了，可是他沉默了半晌后，摇着头说道：

"少爷！不养蚕也没有法子想。卖叶呵，廿担叶有四十块卖算是顶好了。一担茧子的'叶本'总要廿担叶，可是去年茧子价钱卖到五十块一担。只要蚕好！到新米收起来，还有半年；我们乡下人去年的米能够吃到立夏边，算是难得的了，不养蚕，下半年吃什么？"

"可是今年茧子价钱不会像去年那样好了！"

我用了确定的语气告诉他。

于是这个老实人不作声了，用他的细眼睛看看我的面孔，又看看地下。

"你是自己的田，去年这里四乡收成也还好，怎么你就只够吃到立夏边呢？而且你又新背了几十块钱债？"

我转换了谈话的题目了。可是我这话刚出口，这老实人的脸色就更加难看，——我猜想他几乎要哭出来。他叹了口气说：

"有是应该还有几担，我早已当了。镇里东西样样都贵了，乡下人田地里种出来的东西却贵不起来，完粮呢，去年又比前年贵，—— 一年一年加上去。零零碎碎又有许多捐，我是记不清了。我们是拼命省，去年阿大的娘生了个把月病，拼着没有看郎中吃药，——这么着，总算不过欠了几十洋钿新债。今年蚕再不好，那就——"

他顿住了，在养蚕这一项上，乡下人的迷信特别厉害，凡是和蚕有关系的不吉利字面，甚至同音字，他们都忌讳出口的。

我们的谈话就此断了。我给这位"丫姑老爷"算一算，觉得他的自耕农地位未必能够再保持两三年。可是他在村坊里算是最"过得去"的。人家都用了羡妒的眼光望着他：第一，因为他不过欠下百十来块钱债；第二，他的债都是向镇上熟人那里"掇转"来，所以并没花利息。在这一点上，不能不说这位聪明的"丫姑老爷"深懂得"理财"方法，便做一个财政总长好像也干得下：他仗着镇上有几个还能够过得去的熟人，就总是这里那里十元二十元地"掇"，他的期限不长，至多三个月，"掇"了甲的钱去还乙，又"掇"了丙的钱去还甲，这样用了"十个缸九个盖"的方法，他不会到期拖欠，他就能够"掇"而不走付利息的"借"那一条路了；可是他的开支却不能不一天一天大，他的进项却没法增加，所以他的债终于也是一年多似一年。他是在慢性地走上破产！也就是聪明的勤俭的小康的自耕农的无可避免的命运了！

后来我听说他的蚕也不好，又加以茧价太贱，他只好自己缫丝了，但是把丝去卖，那就简直没有人要；他拿到当铺里，也不要，结果他算是拿丝进去换出了去年当在那里的米，他赔了利息，可是这调换的标准是一车丝换出六斗米，照市价还不到六块钱！

东南富饶之区的乡下人生命线的蚕丝，现在是整个儿断了！

然而乡下人间接的负担又在那里一项一项地新加出来。上海虽然已经"停战"，可是为了要"长期抵抗"，向一般小商人征收的"国难捐"就来了。照告示上看，这"国难捐"是各项捐税照加二成，六个月为期。有一个小商人谈起这件事，就哭丧着脸说：

"市面已经冷落得很。小小镇头，旧年年底就倒闭了廿多家铺子。现在又加上这国难捐，我们只好不做生意。"

"国难！要是上海还在那里打仗，这捐也还有个名目！"

又一个人说：我认识这个人，是杂货店的老板。他这铺子，据我所知，至少也有三十年的历史；可是三十年来从他的父亲到他手里，这铺子始终是不死不活，若有若无。现在他本人是老板，他的老婆和母亲就是店员；——不，应该说他之所以名为老板，无非因为他是一家中唯一的男子，他并不招呼店里的事情，而且实在亦无须他招呼；他每天的生活就是到处跑，把镇上的"新闻"或是轮船埠上客人从外埠带来的新闻，或是长途电话局里所得的外埠新闻，广播台似的告诉他所有的相识者，——他是镇上义务的活动"两脚新闻报"。此外，他还要替几个朋友人家帮衬婚丧素事，甚至于日常家务。他就是这么一位身子空，心肠热的年轻人。每天他的表情最严肃的时候，是靠在别家铺子的柜台上借看那隔天的上海报纸。

当时我听了他那句话，我就想到他这匆忙而特别的生活与脾气，我忍不住心里这么想：要是他放在上海，又碰着适当的环境，那他怕不是鼎鼎大名交际博士黄警顽①第二！

"能够只收六个月，也就罢了；凶在六个月期满后一定还要延期！"

原先说话的那位小商人表示了让步似的又加这一句。我就问道：

"可是告示上明明说只收六个月？"

"不错，六个月！期限满了以后，我们商会就捏住这句话可以

---

① 黄警顽：上海市人，上海商务印书馆发行所职员。

不付。可是他们也有新法子；再来一个新名目，——譬如说'省难捐'吧，反正我们的'难'天天有，再多收六个月的二成！捐加了上去，总不会减的，一向如此！"

那小商人又愤愤地说。他是已经过了中年还算过得去的商人，六个月的附捐二成，在他还可以忍痛应付，他的愤愤和悲痛是这附捐将要永远附加。我们那位"两脚新闻报"却始终在那里哗然争论这"国难捐"没有名目。他对我说：

"你说是不是：已经不打东洋人了，还要来抽捐，那不是太岂有此理？"

"还要打呢！刚才县里来了电话，有一师兵要开来，叫商会里预备三件事：住的地方，困觉的稻草，吃的东西！"

忽然跑来了一个人插进来说。于是"国难捐"的问题就无形搁置，大家都纷纷议论这一师兵开来干什么。难道要守这镇吗？不像！镇虽然是五六万人口的大镇，可是既没有工业，也不是商业要区，更不是军事上形胜之地，日本兵如果要来究竟为的什么？有人猜那一师兵从江西调来，经过湖州，要开到"前线"去，而这里不过是"过路"罢了。这是最"合理"的解释，汹汹然的人心就平静了几分。

然而军队是一两天内就会到的；三件事——住的地方，困的稻草，吃的东西，必须立刻想法。是一师兵呢，不是玩的。住，还有办法，四乡茧厂和寺庙，都可以借一借；困觉的稻草，有点勉强了；就是"吃"没有办法。供应一万多人的伙食，就算一天吧，也得几千块钱呀！自从甲子年①以来，镇上商会办这供应过路军队酒饭的差使，少说也有十次了；没一次不是说"相烦垫借"，然而没一次不是吃过了揩揩嘴巴就开拔，没有方法去讨。向来"过路"的军队，少者一连人，至多不过一团，一两天的酒饭，商店公摊，照例四家当铺三家钱庄是每家一百，其余十元二十元乃至一元两元不等，这样就应付过去了。但现在当铺只剩一个，钱庄也少了一家（新近倒闭了一家），出钱的主儿是少了，兵却多，可怎么办呢？听说商会讨论到半夜，结果是议定垫付后在"国难捐"项下照扣。他们这一次不肯再额外报效了！

到第二天正午，"两脚新闻报"跑来对我说道：

"气死人呢！总当作是开出去帮助十九路军打东洋人，哪里知道反是前线开下来的。前线兵多，东洋人有闲话，停战会议要弄僵，所以都退到内地来了。这不是笑话？"

听说不是开出去打东洋人，我并不觉得诧异；我所十分敬佩的是镇上的小商人办差的手腕居然非常敏捷，譬如那足够万把人困觉的稻草在一夜之间就办好了。到他们没有了这种咄嗟立办的能力时，光景镇上的老百姓也已流徙过半吧？——我这么想。

又过了一个下午又一夜，县里的电话又来：说是那一师人临时转调海宁，不到我们镇上来了。于是大家都松一口气：不来顶好！

却是因为有了这一番事，商会里对于"国难捐"提出了一个小小的交换条件——不是向县里或省里提出，而是向本镇的区长和公

---

① 甲子年：这里指 1924 年。这年 9 月，曾发生齐卢战争（或称江浙战争）。

安局局长。这条件是：年年照例有的"香市"如果禁止，商界就不缴"国难捐"。

"香市"就是阴历三月初一起，十五日为止的土地庙的"庙会"式的临时市场。乡下人都来烧香，祈神赐福，——蚕好，趁便逛一下。在这"香市"中，有各式卖耍货的摊子，各式打拳头变戏法傀儡戏髦儿戏等等；乡下人在此把口袋里的钱花光，就回去准备那辛苦的蚕事了。年年当这"香市"半个月工夫，镇上铺子里的生意也带联热闹。今年为的地方上不太平，所以早就出示禁止，现在商会里却借"国难捐"的题目要求取消禁令，这意思就是：给我们赚几文，我们才能够付捐。换一句话说：我们可生不出钱来，除非在乡下人身上想法。而用"香市"来引诱乡下人多花几文，当然是文明不过的办法。

"香市"举行了，但镇上的商人们还是失望。在饥饿线上挣扎的乡下人再没有闲钱来逛"香市"，他们连日用必需品都只好拼着不用了。

我想：要是今年秋收不好，那么，这镇上的小商人将怎么办哪？他们是时代转变中的不幸者，但他们又是彻头彻尾的封建制度拥护者；虽然他们身受军阀的剥削，钱庄老板的压迫，可是他们唯一的希望就是把身受的剥削都如数转嫁到农民身上。农民是他们的衣食父母。他们盼望农民有钱就像他们盼望自己一样。然而时代的轮子以不可阻挡的力量向前转，乡镇小商人的破产是不能以年计，只能以月计了！

我觉得他们比之农民更其没有出路。

（原载1932年8月1日《现代》第1卷第4期）

49

我所见的辛亥革命

辛亥革命那年，我在 K 府中学读书。校长是革命党，教员中间也有大半是革命党；但这都是直到 K 府光复以后他们都做了"革命官"，我们学生方才知道。平日上课的时候，他们是一点革命色彩都没有流露过。那时的官府大概也不注意他们。因为那时候革命党的幌子是没有辫子，我们的几位教员虽则在日本留学的时候早把辫子剪掉，然而他们都装了假辫子上课堂，有几位则竟把头发留得尺把长，连假辫子都用不到了。

有一位体操教员是台州人，在教员中间有"憨大"之目。"武汉起义"的消息传来了以后，是这位体操教员最忍俊不禁，表示了一点兴奋。他是唯一的不装假辫子的教员。可是他平日倒并不像那几位装假辫子教员似的，热心地劝学生剪发。在辛亥那年春天，已经有好几个学生为的说出了话不好下台，赌气似的把头发剪掉了。当时有两位装假辫子的教员到自修室中看见了，曾经拍掌表示高兴。但后来，那几位剪发的同学，到底又把剪下来的辫子钉在瓜皮帽上，就那么常常戴着那瓜皮帽。辫子和革命的关系，光景我们大家都有点默喻。可是我现在不能不说，我的那几位假辫子同学在那时一定更感到革命的需要。因为光着头钻在被窝里睡了一夜何等舒服，第二天起来却不得不戴上那顶拖尾巴的瓜皮帽，还得时时提防顽皮的同学冷不防在背后揪一把，这样的情形，请你试想，还忍受得下吗，还能不巴望革命赶快来吗？

所以武汉起义的消息来了后，K府中学的人总有一大半是关心的。那时上海有几种很肯登载革命消息的报纸。我们都很想看这些报纸。不幸K城的派报处都不敢贩卖。然而装假辫子的教员那里，偶尔有一份隔日的，据说是朋友从上海带来的，宝贝似的不肯轻易拿给学生们瞧，报上有什么消息，他们也不肯多讲。平日他们常喜欢来自修室闲谈，这时候他们有点像要躲人了。

只有那体操教员是例外。他倒常来自修室中闲谈了。可是他所知道的消息也不多。学生们都觉得不满足。

忽然有一天，一个学生到东门外火车站上闲逛，却带了一张禁品的上海报。这比哥伦布发现了新大陆还轰动！许多好事的同学攒住了那位"哥伦布"盘问了半天，才知道那稀罕的上海报是从车上茶房手里转买来的。于是以后每天就有些热心的同学义务地到车站上守候上海车来，钻上车去找茶房。不久又知道车上的茶房并非偷贩违禁的报，不过把客人丢下的报纸拾来赚几个"外快"罢了。于是我们校里的"买报队"就直接向车上的客人买。

于是消息灵通了，天天是胜利。然而还照常上课。体操教员也到车站上去"买报"。有一次，我和两三个同学在车站上碰到了他，我们一同回校；在路上，他操着半乡音官话的"普通话"忽然对我们说：

"现在，你们几位的辫子要剪掉了！"

说着，他就哈哈大笑。

过后不多几天，车站上紧起来了，"买报"那样的事，也不行了。但是我们大家好像都得了无线电似的，知道那一定是"招招胜利"。城里米店首先涨价。校内的庶务员说城里的存米只够一月，而且学校的存米只够一礼拜，有钱也没处去买。

接着，学校就宣布了临时放假。大家回家。

我回到家里，才知道家乡的谣言比 K 城更多。而最使人心汹汹的是大清银行的钞票不通用了。本地的官是一个旗人，现在是没有威风了，有人传说他日夜捧着一箱子大清银行的钞票在衙门上房里哭。

上海光复的消息也当真来了。旗人官儿就此溜走。再过一天，本地的一个富家儿——出名是"傻子"而且是"新派"——跑进小学校里拿一块白布被单当作旗挂在校门口，于是这小镇也算光复了！

这时也就有若干人勇敢地革去了辫子。

我所见的辛亥革命就这么着处处离不了辫子。

（原载 1933 年 10 月 1 日《中学生》第 38 期）

雾中偶记

前两天天气奇寒，似乎天要变了，果然昨夜就刮起了大风来，窗上糊的纸被老鼠钻成一个洞，呜呜地吹起哨子，——像是什么呢？我说不出。从破洞里来的风，特别尖利，坐在那里觉得格外冷，想拿一张报纸去堵住，忽然看见爱伦堡那篇"报告"——《巴黎沦陷的前后》，便想起白天在报上看见说，巴黎的老百姓正在受冻挨饿，情形是十分严重的话。

这使我顿然记起，现在是正当所谓"三九"，北方不知冷得怎样了，还穿着单衣的战士们大概正在风雪中和敌人搏斗，便是江南吧，该也有霜有冰乃至有雪。在广大的国土上，受冻挨饿的老百姓，没有棉衣吃黑豆的战士，那种英勇和悲壮，到底我们知道了几分之几？中华民族是在咆哮了，然而中国似乎依然是"无声的中国"——从某一方面看。

不过这里——重庆是"温暖"的，不见枯草，芭蕉还是那样绿，而且绿得太惨！

而且是在雾季，被人"祝福"的雾是会迷蒙了一切，美的，丑的，荒淫无耻的，以及严肃的工作……在雾季，重庆是活跃的，因为轰炸的威胁少了，是活动的万花筒：奸商、小偷、大盗、汉奸、狞笑、恶眼、悲愤、无耻、奇冤，一切，而且还有沉默。

原名《鞭》的五幕剧，以《雾重庆》的名称在雾重庆上演。想起这改题的名字似乎本来打算和《夜上海》凑成一副对联，总觉得带点生意眼，然而现在看来，"雾重庆"这三个字，当真不坏。尤其在今年！可歌可泣的事太多了。不过作者当初如果也跟我现在那样的想法，大概这五幕剧的题材会全然改观吧？我是觉得《鞭》之内容是包括不了雾重庆的。

剧中那位诗人，最初引起了我的回忆，——他像一个朋友：不是身世太像，而是容貌上有几分，说话的神气有几分。到底像谁呢？说不上来。但是今天在一件事的议论纷纷之余，我陡然记起了，呀，有点像他，再细想，似乎不像的多。不过这位朋友的声音笑貌却缠住了我的回忆。我不知他现在在哪里，平安不？一个月前是知道的，不过，今天，鬼晓得，罪恶的黑手有时而且时时会攫去我们的善良的人的。我又不知道和他在一处的另外几个朋友现在又在哪里了，也平安不？

于是我又想起了鲁迅先生。在《为了忘却的记念》中，鲁迅先生说过那样意思的话：血的淤积，青年的血，使他窒息，于无奈何之际，他从血的淤积中挖一个小孔，喘一口气。这几年来，青年的血太多了，敌人给流的，自己给流的；我们兴奋，为了光荣的血，但也窒息，为了不光荣的没有代价的血。而且给喘一口气的小孔也几乎挖不出。

回忆有时是残忍的，健忘有时是一宗法宝。有一位历史家批评最后的蒲尔朋王朝说：他们什么也没有忘记，但什么也没有学得。为了学得，回忆有时是必要，健忘有时是不该。没有出息的人永远不会学得教训，然而历史是无情的。中华民族解放的斗争，不可免地将是长期而矛盾而且残酷，但历史还是依照它的法则向前。最后胜利一定要来，而且是我们的。让理性上前，让民族利益高于一切，让死难的人们灵魂得到安息。舞台在暗转，袁慕容的戏快完，家楝一定要上台，而且林卷好的出走的去向，终究会有下落。

据说今后六十日至九十日，将是最严重的时期（美国陆长斯汀生之言）；希特勒的春季攻势，敌人的南进，都将于此时期内爆发吧？而且那雾季不也完了吗？但是敌人南进，同时也不会放松对我们的攻势的！幻想家们呵，不要打如意算盘！被敌人的烟幕迷糊了心窍的人们也该清醒一下，事情不会那么简单。

夜是很深了吧？你看鼠子这样猖獗，竟在你面前公然踱方步。我开窗透点新鲜空气，茫茫一片，雾是更加浓了吧？已经不辨皂白。然而不一定坏。浓雾之后，朗天化日也跟着来。祝福可敬的朋友们，血不会是永远没有代价的！民族解放的斗争，不达目的不止，还有成千成万的战士们还没有死呢！

1941 年 2 月 16 日夜

（原载 1941 年 2 月 25 日《国讯》第 261 期）

归途杂拾

一 九龙道上

旅客们游玩九龙，好像有一个公式：九龙城，宋皇台，这是最先去的地方。所谓九龙城，其实是小山顶上的一个寨，周围不过三四里，城内除了几排破房子便是一片荒地，除了住在破房子里的一两户穷人，根本无所谓居民，可是这一个荒凉的去处却是九龙租界地中间一块中国的国土。整个九龙半岛都租借去了，为什么还保留这几亩的地皮？据说也是有理由的，可是想想总觉得近乎开玩笑。九龙城的城墙倒很整齐，不用说，这已不是原物，香港政府特地花钱修葺过了。有四个城门，其中的一个（大概是东门），还有一条广阔整齐的石路，对着城门，有两尊旧式的废炮。这么一个小城，——不，一个城壳子，比上海租界内的天后宫小得多了，而且根本没有居民，当然也无从派用场。不过抗战以后，在香港拍的一部抗战影片到底将这九龙城用了一次。

至于宋皇台，以前香港政府也把它列为名胜之区。这里并没有台，只是一个近海的高坡上有两块光秃秃的大岩石。原也有点奇怪，这两块大岩石一上一下，好像是人工叠起来似的，上面那一块大些，因而石檐之下可容一二人蜷伏。据说南宋的末代皇帝，就在这石檐下住过几宿。但我觉得这一个传说，未必可靠。帝昺当初逃到九龙，似乎还不至于窘迫到栖身在岩石罅中，如果为了躲避蒙古的追兵，则如此光秃秃的石缝，也不是个躲藏的好地方；除非那时这里的地形还不是现在那样一无遮盖，连大树也没有一株。

除这两处以外，沙田是"九龙游玩公式"的第二节目了。沙田山上有一座大庙，也算得名胜之区，也有点儿古气。第三个节目便是坐了汽车跨山沿海直到元朗，这一带路上，因为常常一边是峭壁，一边是海，风景也还不差，这一条翻过几个山头常常傍海而行的公路就是有名的青山道。

日本鬼子占领了香港以后约一星期，就开始"疏散"九龙的居民。这一条青山道上，每天拂晓解严以后就挤满了扶老携幼背着小包袱提着藤筐或洋铁罐等物件的难民。这是一条人的洪流，从早上解严以后直至日暮戒严为止，这一条洪流滚滚不息，一天之内，总有十来万人这样急急忙忙脱离了这魔窟。

但是这样挤满了人之洪流的青山道上，也还有抢匪：日本兵和临时产生的土强盗。英军撤退九龙的时候，丢失的枪支为数不少，隔海炮战的十多天内，九龙和新界陷于十足的无政府状态，"烂仔"们将英军遗弃的枪支武装了自己，占领了大路以外的偏僻角落，公然分段而"治"。香港陷落以后，一九四二年正月元旦，"皇军"在德辅道举行所谓"战胜入城典礼"，同时岛上的武装了的"烂仔"们却也在西环占领了一个未完工的防空洞，作为他们的大本营，那时候，岛上的居民头上压着两个主子：白天是日寇，夜间是"烂仔"。可是在九龙和新界，"烂仔"们竟和日寇分"治"了白昼，青山道上，日本哨兵在前一段"检查"潮涌似的难民，"烂仔"们就在后一段施行同样的"检查"。这真是一个拳头大臂膊粗的世界。

荃湾是青山道上一个美丽的小地方，照大路走，这里离元朗约有十多公里。倘走小路，翻过两座相当高的山，穿过无数隐伏在丛莽中的山坳子里的羊肠小道，便抄出了元朗市外，路是近不了多少，而且要翻过那简直不生树木的石山也实在辛苦，但有一利，这里只有一个主子：不是日寇，也不是那些临时乌合的"烂仔"，却是一些略有组织，说一是一，说二是二的"大哥"。港九战争给他们补充了人员，也补充了武器；自动步枪和手提机枪增添了他们的威武。这一带的"大哥"们有多少，谁也不能说一个确数。港九战争的大风暴带来了一层容易滋生"大哥"们的沃土。十来个人得到了武器的补充，有一个领袖，他就可以成为新的一股。但尽管变化是那样快而且多，不成文法的纪律还是相当严明，"大哥"们分段而治，在他们各自的疆界内保守着一种秩序。山坳子里的小路上他们安置了步哨，"保护"来往的老百姓，并且也征收"通行费"，每人四角港币。

扯旗山头飘着太阳旗以后，这些"大哥"们曾经帮助大批"漏网之鱼"逃回祖国的怀抱，他们不但不收"通行费"，还白赔了茶水，白赔了饭食，白赔了挑行李的伕子们的挑费。他们肯这么干，因为他们不愿意不买东江游击队曾大队长①的账，因为他们知道大队长是一个打日本仔的好男儿，因为他们自己也是要打日本仔的好男儿！一九四二年正月九日，天气非常暖和，荃湾躺在青山碧波之间安静得像个太平世界，一群"漏网之鱼"，代表着五六个省，有"肥佬"，

---

① 曾大队长：指曾生。

有高度的近视眼，有大病后还在拉痢的，有中年妇人，有妙龄女郎，一个个都是青布或蓝布的"唐装"，翻过了荃湾左近的一座高山，投进了山坳子里一个小小的村庄，这是他们第一次进入了一位"大哥"的疆界，可是他们那时都不知道，还以为这是游击队的一个前哨站呢。说是一个小小的村庄，实在只有五六份人家，背了长枪腰间两颗手榴弹的人们，在打谷场上来回踱着，在几株尤加列树下蹲着谈话，大肚的母猪在垃圾堆里找寻食物，一边"唔唔"地叫，一边用它那长嘴拱着，鸡儿"谷谷"地呼着同伴，用爪子爬土。小狗们走到生客们脚边嗅了又嗅，然后又没精打采走开了。一切都太像一个游击队所在的地方，而且茶水也准备好，破板凳也拿出来，客人们都坐下来休息，心里想想一天的行程大概到这里就是终点了。

然而即便是休息片刻又走，那种猜想还是照旧。在路上又遇见了武装的人，还以为这是来"接应"的，却不知道这是又一位"大哥"的部属。小路旁草地上，两个老百姓打扮的盘腿坐在那里，他们面前横放着一支长枪，其中一位手拿着一支盒子炮，距三四丈的高坡上又站着一位，肩着自动步枪，——他是在警戒的，他们大概早已接到"招呼"，并没对那一群不伦不类，南腔北调的"唐装"难民问一句，也没有开口要"通行费"。

从荃湾到元朗这一条荒僻的山路，据说就是日寇偷袭英军后路所经过的捷径。"十二·八"战事①爆发后，英军最前线在元朗，可是这最前线战事并不怎么猛烈，双方在工事背后以机枪遥射而已。经过了三十多小时，突然荃湾发现了日军，于是元朗一线只好后撤，

①"十二·八"战事：指 1941 年 12 月 8 日日本侵略军进攻香港的战争。

英军改守沙田作为最前线了。人们传言，这是三井洋行大班（日本人）做了他本国军队的向导。其实这还是一些老实人的想法。日寇在香港九龙那些小商店就全是间谍机关，而且它的"第五纵队"在战争的前夕还公然招摇过市，带引军队过这么一条山路何必什么三井大班亲自出马！又据说，在日寇偷渡这"阴平"而扑到荃湾前一二日，英军在这个可虑的去处，确曾安置下一辆轻坦克（或装甲车），不知怎的，后来又调开了，而且就此一直不再设防。这一说，也只能姑妄听之，然而由此可见新界的老百姓对于九龙之轻易失陷终觉得可惜而又太可怪，他们创造出来的故事都从一个中心观念出发：日本仔不是打得好，却是善于行诈取巧。

当时日寇在香港九龙新界实在也只能作点线的占领。元朗市有伪维持会，有伪军，也有日军，然而元朗市区之外不过三里的一所大房子里就是又一位"大哥"的大本营。元朗伪维持会每天得向这位"大哥"纳贡，据说是白米十担，猪几口，鸡鸭若干挑。这一位"大哥"的大本营离一个十多二十来户人家的小村落不过一箭之路，这些老百姓都受他保护，他是新界一带最大的一股，拥有一二百武装。他的大本营是一座簇新的大院落，矮矮的白粉墙，大门里面有很大的天井，正中是轩敞的平厅，两旁各有一排三间的边房，都是朝着天井开着洋式的窗，远远看去，总以为这是一个学校的校舍，可是进门以后又觉得这是一个祠堂。大厅上朝外就是一个供着历代祖先神位的神座，帷幔低垂，一副高大的铜烛台，还有香炉，两边墙上画着一副善颂善祷的对联，墙上近屋顶处又有泥水匠画的五彩的半部《三国志》，——这一切都不像是住家房子的派头，然而那位"南洋伯"建造这所房子确是为了住家。不幸新屋落成不久，太平洋风云变色，他这吉宅太近火线，只好放弃，现在这位主人的一家也许还陷在岛上，也许牺牲在炮火下，谁也不知道，他这住宅却成为一位"大哥"的大本营，而且利用这大洋房子，他招待过"境"的特别难民，前后怕有千把人吧。

二 东江乡村

东江游击队好像是卡在敌人咽喉里的一根骨头。敌人在华北的"三光政策"，在东江早就实行了。淡水一带，整个的村庄变成废墟，单看那些村里的平整的石板路，残存耸立的砖墙，几乎铺满了路面的断砖碎瓦，便可以推想到这一些从前都是怎样富庶的村庄。可是现在连一条野狗都没有了。白天经过这些废墟的时候，已经觉得够凄凉，但尤其叫人心悸的，是月夜；踏着满街的瓦砾，通过长长的街道，月光照着那些颓垣断壁，除了脚下格格的瓦砾碎响，更没有别的声音，这时心里的惨痛凄凉非言语所能名状。旧时成语有"如行墟墓间"，但和这一比，这一句成语便觉得太不够了。

这一些村庄通常都有防盗的设备。村中有碉楼，四方形，巍然耸峙，俯瞰全村，墙壁很厚，没有窗子，只有狭长的枪洞，每面上下三层。从这些碉楼墙壁上满布的枪弹伤痕看来，敌人"扫荡"这些村庄的时候不是没有剧烈的战斗的；有些碉楼还受过炮击，崩坏了一角。村前村后的路口都有长的石条，一排五六个或三四个，植立土中，露出一尺许，最高至二尺多，这也许在紧急的时候在后面堆上沙包，作为简单的防御工事的。但是最使人惊异者，一般较好的（大概是富农的）住宅也都是碉堡式，土墙很厚，石脚很高（总有五六尺），只有一个门——大门，木料很结实，除了两根从墙里抽出来的粗木横闩，又有直闩四五根，都是碗口来粗可以用作柱子的木头，套在门上石制的天地槛内，大门两旁墙上有枪眼，屋内人可以放枪射击攻门的人，全屋没有正式的窗，只有方尺大小的洞，这也装着极厚的石框和粗的铁栅。天黑以后，无论牛猪鸡鸭都赶进屋内！——不，这小小的碉堡内，甚至木柴农具等也都收藏起来，于是闭门而卧，可以高枕无忧。强盗土匪要进来，只有攻大门之一法，然而大门是结实的，门破了还有坚牢的木栅（即直闩），而且攻门之时，门内人可以从门旁墙上的枪眼放枪抵御。没有比步枪更厉害的武器，这种碉堡式的住房当真有点无可奈何的。从宝安到淡水一带乡村，以我所见，差不多可以说就只有两种建筑：一种是这样的碉堡式，另一种则是仅足避风雨的茅舍，那简直连门也没有，用芦苇编成一张东西挡住了出入口而已，——这是赤贫的人们的居室。他们是除了一条性命更没有值钱的东西的。

碉堡式房子最小者全体就只一间，真要叫人联想到这是犯人住的牢房。关上大门就成为黑漆一团，人和牲畜共处，大尿桶就放在床头。大者亦有两间三间的，但亦仅赖大门放进光线和空气来。更讲究的，则有一个小小的天井，于是朝外的正房，——通常是供着列祖列宗的神位的，就比较的敞亮了，然而这敞亮要付代价，因为是平房，里面有了天井，强盗可能自屋面上攻进来，于是天井上不能不张铁丝网，天井四围各房的墙上又都得开设枪眼，使得强盗虽到屋面仍然不能下来，而且屋内人又可开枪阻止强盗破坏那铁丝网。当然这样的"小碉堡"的主人在战前若不是小地主也一定是富农了。至于大地主的住房，那简直是个城，——有的比那九龙城还要大，而且墙垣也高得多，墙上没有窗已成天经地义，可是大小枪眼之多，层层密布，平常的小城，实望尘莫及。有些这样的"城"，还在四角建有碉楼，那一定是通宵有人在上边守望的。这样的"城"里，自然有天井，不过不张铁丝网了，这是因为"城"墙既高且多枪眼，来攻者即使有云梯也未必能爬上屋面。这样的"城"，倘不用炮，好像是很难攻下来的。

这样充满了大小碉堡的村庄应该是很叫日本仔头痛的，而且又理应发挥它的自卫能力至于最高度的，然而这样的充满了大小碉堡的村庄或仅索取少许的代价或竟索不到什么代价，终极仍不免于一堆瓦砾，这是为什么呢？敌人有炮，敌人有其他的重兵器，这是原因之一，而民众的组织不够，各级村民的团结不够，地主的武装力量之不能坚决地枪口对外，这又是主要的原因了。

三　饶山

广九铁路深圳至平湖段在太平洋战争爆发那时候，经常被游击队切断。这些民众的武装力量散布在沿线山村里，距离铁路线多则十余里，少则五六里。敌人不大敢到这些小村里去找游击队厮打，然而也不是绝对不去，有时忽然来了，人数不一定多，可是行动却很敏捷，其势也相当剽悍。敌人经常是在白天先把队伍移动到某一地点，到拂晓即突然袭击。它的出动的方向虽然不一定能够准确地估量到，可是它的移动的消息准可以很快地得到，于是有被可能袭击的小山村里的人民和武装便要来一次部署，一次准备，力量相差太远，武装便须转移，而人民物资则须疏散，这就要半夜上山。什么都带走了，食粮，农具，牲口鸡鸭，家具，——除掉笨重的家具，实在他们并无所谓家具。山上有茂密的松林，两株松作柱，加一根横梁，盖上稻草，这就成为草寮，在南国的天气，这就过冬也成了。

武装也常住这些草寮，什么都随身带着，所以行动能够神速飘忽。

山，和它的茂密的树林，成为敌人的眼中钉。所以敌人时常烧山，还指使汉奸来烧山。天黑以后，远处山头会出现一条鲜明的红线，愈来愈长愈宽，而同时又向旁分支，终于成为纵横交叉的一个火网，熊熊然照亮了黑夜。有时会四面山头或远或近都烧了起来。冷枪的声音也时时可以听到。回答这样的暴行，人民的武装也许来一次突然的出击。在这些地方，就是这样时时刻刻斗争，用各种方式在斗争的。

四 惠阳

敌人攻陷港九后的一月，它的散布在珠江三角洲各据点的兵力便有了移动。它将东面的兵力调到广九路沿线，放弃了淡水县城，但是原来放在广九路沿线的兵力它却暗中调上了增城前线，旧历腊月初，它猛扑博罗，博罗旋告失守，敌人即进窥惠阳，同时它的骑兵攻掠东江上游的泰尾。惠阳震动，驻防惠阳城的独九旅据守外围山地，阻挠了敌人向惠阳闪击以掠夺物资的企图。

这时候，大批刚从虎口逃生出来的港侨，正挤在惠阳城内候船到老隆，骤闻敌兵压境，那慌张的情形是可想而知的。这时候，正当旧历年前，商店内百货充盈，都是准备在年关前后做一番热闹买卖的，现在却得赶紧疏散了。这时候，阻滞在惠淡公路（这是早已破坏了的）一带乡村间的商货何止千百挑，都陷于进退维谷。这时候，一切生命财产损失之多寡都决定于时间的因素。这时候，才显得飞鹅岭上独九旅和敌人的捉迷藏的战斗起了很大的作用。

敌人损失了一星期的时间，敌人扑近惠阳城的时候，惠阳差不多是一座空城，物资逃光了，壮丁逃光了，敌人的兵力不够久守惠阳，而且也不作此想，于是经过一星期的逗留，烧了不少房子，杀了许多逃不动的老弱妇孺，敌人从惠阳撤走，也从博罗撤走了。逃亡在四乡的人民再回到他们的老家，离旧历年关只有四五天。茶楼酒馆先复了业。几家旅馆挤得水都泼不进去。陌生的旅客吃饭可就成了问题。上馆子不一定吃到东西。不上馆子自己弄饭呢，柴米油盐都无处去买。大概也是什么冷气团光顾了惠阳吧，那几天委实冷得厉害。然而到旧历除夕那天，秩序总算恢复了过来，货物又陆续搬进城来，一些日用品的小店和摊子都开了业，旧府城内卖旧货的地摊特别多了，拿着一两件旧衣物沿街兜主顾的几乎比警察的岗位还要密，一问，差不多全说是从香港逃来的。

卖笑生涯的女子也在街上出现了，她们是和各机关同时回来的，帮着在这又一度遭劫的城市恢复起繁荣来。大裤管，长到脚背的裤子，窄腰身的衫子，红红绿绿的丝织品，在这时候，特别打眼。

太平洋战争对于物价的影响，在惠阳那时还是由于这一度的失陷而显出它的刺激力。脑子里还不能忘记国币六元至七元可换港币一元的人们听了当时惠阳的物价总觉得太贵，譬如一条中等的毛巾，大洋六元，那他的计算法就是这样的："国币六元就算它港币八毛吧，然而这样的毛巾港币八毛准可以买三条半！"然而老实的惠阳小商人仅仅涨上了一元，而这一元也是为了弥补他的逃难的损失。有人估计：那一次惠阳六天的沦陷，人民损失最大的两项，一是房子，二就是挑力。大家抢着疏散财产的时候，一塘路的挑力要二十元。这一个数目，曾经使惠阳人吃惊，正像今天给大后方人听了也是准会大吃一惊的。有一件事值得带便提一提，那时惠阳城里少见百元五十元的大票子，使用大票要打一个八折，原因是大票子不能到沦陷区。在老隆，大票子这才通行无阻。

敌人那次进攻惠阳，目的在掠夺物资。敌人这目的没有达到，兽性发作，就滥烧房子滥杀人。我们人命的损失比房子的损失大，尸首都被丢在江里，数目不可确计，有的说六七百，有的说千万。除夕，街上冷清清的，元旦，爆竹声也只寥寥数响。街上冷落是因为逃难出去的人还没大批回来，少数爆竹倒不是为的劫后的人民存心紧缩到这一项，而是因为买不到爆竹。食物已经涨价，但用品还不能跟着涨。事实上，那时在广东境内，东江是生活费用比较高的地方，例如，半个月后六七人在曲江上馆子，有鱼有肉有鸡鸭，饱吃一顿，不过花了三十元左右，可是十五天以前在惠阳三个人“饮茶”，吃些点心，也要花到十元光景。只有衣料和其他的日用品，那时的惠阳还比曲江便宜些，——至少是差不多，后来如何，那就不知道了。

离目的地愈近，心里愈急，这是旅行者常有的心境，何况在逃难中，更何况敌人虽已退却，亦不过回复原态势而已，说不定再来一个突然的进攻，所以虽在废历年关，明知木船的老板伙友都要舒舒服服过年，但听说可以雇到木船而且可以即日出发，还是努力要去进行。

那时候，东江的木船，理论上都是在“征发”的状态中——或者说得更恰当些，实际上都是在“随时随地可被征发”的状态中。

为了行动上的自由，木船老板必须找个机关（只要是机关，大小倒可不论，但自然，机关招牌大的总比小的好），先把自己"封"起来；这就是说，在船舱篾篷上，贴一张印有某某机关名号的信笺，随便两行核桃大的字，无非是此船已为本机关封用，"仰即知照"云云，下面当然还得盖个关防。这样经过被"封"的船便算是保了险了，船老板可以放心装货载客，否则，不但泊在惠阳的空船，会突然被"拉了去"，甚至客货满满的也会被人当真"封"起来，而且开出惠阳，沿途任何地方任何时间都在被"拉"的危险中。当然这太不"自由"了，所以，为了求得"自由"，就先找个"封条"来贴上。

这一点儿小小"过门"，在西方人看来也许大为惊奇，但在我们这国度里恐怕只有书呆子这才不懂得。当时惠阳河下的木船因此只只都在"形式上"被封了，摸不到窍脉的人就不大能够雇到。

五　"韩江船"

大除夕的下午，匆匆地上船，我们是包了整个后舱的。前舱已经满满的，男女老少都有，都是逃难人。后舱在"理论上"是不再招呼另外的客人了，后来证明这到底不过是"理论"。后舱较小，可也塞进了男女大小十四人，全盛时代乃至十六人，其中有一位，是替船老板找"封条"来的，又一位是他的朋友，船老板最初对后舱那伙客人说并无外客，其实不算扯谎，因为这两位当然不作乘客论。

如果是热天，这小小后舱挤了那么多的人也许还能见得宽舒些，可惜是冬天，这些逃难人虽则身无长物，因为一到惠阳就逢到数十年来从未有过的冷，不能不临时买了棉被，这一下，舱里的地位便不经济了，人们又不能将彼此的被筒打通，于是每人更多占了十分之几的地位。记得曾在一本古代欧洲史书上看到一张画，古罗马的贩奴船的横断面图；那地位之被经济地使用，实足惊人。但这贩奴船到底还给每个奴隶以仰面平卧的权利！

船家说翌晨就开船。翌晨者，废历大年初一也。连过旧历年的习惯也在战时改掉了吗？当然叫人高兴，为的可以早走。哪里知道大年初一不走还不足奇，竟几乎连初三那天也想留在惠阳。据说船老板确实是作了在大年初一就开船的打算的，因为停一天，开销还是他的；而终于不得不挨到初三者，那位给他找"封条"的先生有些私事还没料理清楚而已，可是这却苦了前后舱的"沙丁鱼"，活活多受两天罪。

枯水时期的东江，由惠阳至老隆，木船须走十至十二天，如遇顺风，那就不定，五六天也可以。但那时正多北风，人们不存奢望，船家口口声声说要十二天，对，十二天，四十多人在船上要过十二天，二百八十八小时。船呢，每天约行三塘路，每小时平均五里，为了要拣平安可靠的地方停泊过夜，所以尽管天一亮就开船，却不能行到天黑才停止，中间得除去船上伙友吃饭时间的一个钟头。

每天负担过重的，却是船上那两只小的行灶。其实只是大些的风炉，其中一只还是效率不高，只能充个副手。从早上起，除了船家不算，那前后舱四十光景的客人就分组来使用这个原始的烧饭工具。一共有七组之多，后舱客人分两组打伙食，但前舱那十多位却分了五组，他们原是一起的，搭船的时候他们集体包了那前舱，但轮到吃饭，他们就各自为谋。他们这么一来，船上那两只行灶是苦了，但他们自然方便了，——各人保有自由，爱吃好些的就好些，爱省俭些的就省些，既无你多我少之争，亦免除了口是心非之病，而尤其重要的，五个单位各自烧饭，各人自顾自，所以工作的分配的问题就完全不会发生。他们是经验丰富的聪明人，知道有些事可以搭伙，有些事却不能。至于时间和人力的不经济，那算得什么！反正在船上没有事呀。

然而灶头以外，后舱那班客人却也苦了。灶在船尾，因而那五组的烧饭者必须以后舱为走廊，川流不息的人，捧着锅子、木柴、菜蔬，淋着水，飞散着煤烟地在后舱那班客人的膝上跨过跳过，腿旁踹过挤过，特别是因为那五组的各个主持者最善于利用童工，所以油汤滴滴答答，把一间后舱淋个不亦乐乎。

前舱那几位先生都有老有小，其中一家还是"三代见面"的。虽在船中，而且又是逃难，是在那样一条统舱风格的船，可是诸位先生的"家庭"之中依然保持传统的规矩；老爷们还是那种有闲而尊严的风度，他们抱膝清谈，或者吆喝他们的小儿女、太太们主持家政——那是缩小到只有烧饭一件事了，但在船上，在七组人合用一具原始工具的船上，在窄狭到挤不下三个人，而同时必然有三个人以上在那里动作的烧饭地方——船尾，这一项家政实在是够苦的。老爷们只在船靠埠（打尖或过宿）的时候，上岸去买菜蔬，这是他们纡尊的唯一例，但买菜蔬就含有"对外"的性质，所以也还是无违于"男女分工"的传统精神的。

然而几位先生可以赞佩之处，尚不止此。他们之占有这前舱，是用集体名义向船上包了下来的，他们中间一共有五个单位，即五个家庭，各家人口数目不等，各家人口中老小的数目亦不等，因此，在现在这社会中一个最普通的问题，也一定会在他们中间发生，这就是如何分配地位与分摊船钱的问题。究竟他们的问题如何解决——换言之，是以人数来计算金钱的分摊呢，或以地盘的大小来决定分摊数目的多寡呢，局外人未易妄猜，但是看到他们的划地而住，疆界俨然，人不犯我，我不犯人，那就不妨断定他们是把前舱的总面积分为若干方尺甚至方寸，然后按寸计值，各无争论。这当然是最公平的办法，同时也是最能尊重各人的自由的办法，在各人的小天地中，各有绝对的主权，痰盂作为便桶，保存了一整天才倒掉，这是各个小天地中最起码的一件事，而"家教"之好又表现在孩子们的知礼守法，越界的事情绝无仅有。从这点上看，便可知道诸位先生之间的"君子协定"确是大家能够在字面上、精神上严格遵守的，他们提供了"绅士相处如豪猪，彼此间必保持相当距离"——这一作风的真凭实据。

这一种木船是所谓"韩江船"，底平，肚阔，两头尖，而船头尤为特别，尖头高翘，计其"坡度"，高低相差不下于三米。从尖头到前舱的前端，约长丈许，这都是属于船头的区域，这一区域，在前舱交界处最宽，约五尺，由此渐狭，渐翘而高，至尖端，则仅容一人坐，而离尖端四尺处，有一孔，船停时即以竹篙插孔中，像用别针钉蜻蜓似的就将船钉在浅水的东江内了。行船不以橹，亦不以桨，而用篙子，四人或六人，分两组在船头上来来往往地撑，篙长丈余，坚木制成，形状实如长柄之桨，唯下端扁平部分仅阔三寸许，倘以划水，则嫌无力。撑时，以篙入水中，肩胛顶住了篙上端如把手之工字柄，从船头高翘之尖端向下行，渐行身渐伛伏，将近前舱处，亦即撑的一个单位动作完了时，那简直是顶住了那篙子用力在爬，其辛苦可想而知。撑篙者如为四人，则分两组，左右列，各组之二人一来一往，而与其对组之人相配合，倘为六人，亦分两组，亦左右列，而左右组各人一来一往之行动亦必与对组相配合。工作紧张的时候，但见那丈把长的高翘的船头上，船夫们往来上下利利落落若甚杂乱，但其实他们各人的动作都有配合，所以船能平稳向前。

这一项工作，一看就知道很辛苦，所以通常撑了一程，就得换班，备有六个船夫的一条船通常只能有四个人在撑，盖要留二人作为轮流换班时补充之用。如果六人一齐上马，那只好撑一程歇一程了。上水每小时仅能行五里，船夫日须吃四顿饭，船老板倘不带点货，兼做生意，除了开销，就没有好处了。

东江枯水期行船，掌舵的非内行不可，要能熟识"航线"，方不致搁浅在江中的暗滩上。表面看极其宽阔的江面，往往只有一条狭路可供木船安全通行，如果偏了就会搁浅，船底被沙砾胶住，进退不得，那时唯有减少船的载重量，雇人下水把船抬起，方能出险。用人力撑的时候，掌舵者仍在工作，原因即在船须觅路前进，而此路唯舵工熟识。

东江路上，时有土匪抢劫客商。瘦狗垅，离惠阳八十里，曾为那些拦江劫掠者出没之所，后经独九旅痛剿，这才好些，然而船家倘非不得已，必不泊瘦狗垅宿夜。旧历大年初四，早七时发水口，十时三十分至横沥，水口至横沥仅二十里，十二时发横沥，北风甚劲，三十里至瘦狗垅，天已黑，遂不得不在此地寄泊。时同行者三船，船家请客人们公摊些钱出来，给他们在岸放哨的人作点心钱，于是每客人出一元。那一晚上，平安无事。岸上究竟有没有人放哨，不得而知，但三条船的船主和大部分伙计那夜确实辛苦了个通宵，却不是守望，而是赌博，大概是借赌博来防盗，因为唯有赌博能使他们通宵不睡。这一次开了头，以后就像有瘾，晚饭后，既冲了凉，客人们都睡了，三条船的船主伙计们便集中在一条船上赌博起来，这一阵赌风，过了河源以后，方才平息。

从惠阳到观音阁，约一百三十里，敌人犯惠阳时，横沥很是吃紧，逃难的人们以及疏散的货物都以观音阁为安全起点，若过观音阁，便没有事了。这一理论，不知从何而来，但倘就平时的安全标尺来估计，观音阁以下，地方荒凉，沿途隔三四十里始有一小村镇，亦无驻军，当然安全的程度是有限的。观音阁以上，步步热闹起来，村镇多了，相距近了，治安状态自然比较好多了，而且据船家说，此后水路也较平易，不像观音阁以下那么暗滩多而且水流急。中央赈济委员会招待归国侨胞的招待站第一次出现的地方，就是观音阁。

六　老隆

老隆，十足一个"暴发户"。这无名的小镇，在太平洋战争以前，当沙鱼涌还是"自由港"的时候，成为走私商人的乐土。而老隆之繁荣，其意义尚不止此。

除了穿心而过的一条汽车路，其余全是湫隘的旧式街道。没有一家整洁的旅馆，也没有高楼大厦的店铺，全镇只有三四家理发店，其简陋也无以复加；然而，不要小看了这外貌不扬的小镇，它那些矮檐的铺子简简单单挂了一块某某号或某某行的小小木牌子的，每天的进出，十万八万不算多。请注意，这还是六七人在曲江花三十多元可吃一席的时候。如果和湘桂路两端的衡阳和柳州来比较，那么，老隆自不免如小巫之见大巫，可是，在抗战以后的若干"暴发"的市镇中间，老隆总该算是前五名中间的一个。

这里的商业活动范围，倘要开列清单，可以成为一本小册子。有人说笑话，这里什么都有交易，除了死人。但这里的所有的买卖，其为就地消耗且为当地流动的冒险家而设者，却只有两项：酒饭馆和暗娼。而这两者，又都不重形式。在发财狂的"现实主义"的气氛中，食色两事的追求也是颇为原始性的了。而这，完成了老隆这"暴发户"的性格。

离惠阳三十里的一家杂货店里朝外贴了一副红纸的对联，上句是"目下一言为定"，下句是"早晚时价不同"。当时看了，颇为憬然。及至老隆，一打听到曲江的汽车票价，这才知道这两句话倘以形容老隆的车票行市，实在再确切也没有了。从老隆到曲江，有没有公路局的定期客车，我不大明白，但事实上，在老隆打算走曲江，你去打听车子的时候，决不会听到有公路客车（现在如何，我可不知道），因而虽有官定的票价，实际上只足备参考罢了。老隆有不少车票捐客，到处活动，嗅觉特别灵，当你在街上昂首踟蹰的当儿，他们就会趸进身来兜搭道：去曲江吗？有票，车子顶呱呱！于是他就会引你去看车子，讲价。"早晚时价不同"的意义这时你就真正体味到了。因为今天有多少车开出，有多少客人要走，就决定了票价的上落。捐客们对于今天有多少车开出，自然能知道，而对于客人的数目则因他们自伙中互通情报，所以也能估计得差不了多少。此外，车子的好坏，新旧，也参加着决定票价的高低。但这上头，掮客们颇能耍花样。往往你看定了是某车，抄下号码，而临时则该车没有了，或者说是今天不开了，那时候，你对掮客发脾气也不中用，他会劝诱你去坐另一部车，今天仍能动身，或者，你就等待那不可知的明天，客人们往往不愿等待，便只好迁就。

掮客们做成一桩买卖，向客人取佣金十分之一或不到十分之一，这在车票以外，也是临时讲定的。车票呢，掮客不过手，所以客人们即使有损失也不过舒服与时间而已。至于掮客向司机取多少佣金，那就要看司机先生的高兴了。

1943 年 2 月，重庆

（原载 1943 年 10 月 1 日《半月文萃》第 2 卷第 3 期）

附　记

这是我在一九四二至一九四四年间所写的关于东江游击队奉党中央的命令抢救一二千（有人说二三千）沦陷于香港的文化人的第一篇杂记。在这以前，即在一九四二年，我写过两个短篇，也是属于同一题材。后来（大约是一九四五年或更后些），我又把香港战时及战后我离开香港以前约十来日的经历写成《生活之一页》（一九四七年三月上海新群出版社有单行本），而在一九四八年夏秋之交（那时我在香港）方才有时间把在东江游击队保护之下如何逃出沦陷区到达惠阳的一段过程比较详细地写了出来，发表时也题为《生活之一页》（这一部分，后来稍有修改，用《脱险杂记》的题目收入一九五二年四月开明书店出版的《茅盾选集》，"新文学选集"第二辑）。《脱险杂记》所记，有极小部分和此篇的第一、二段可以参看。此篇第三段以下，记录了从惠阳到老隆的见闻，而从香港脱险到当时的后方桂林，这一整段的行程中，此篇所记，实属于最后一阶段，故虽写作时间最早，现在却不能不把它编在《脱险杂记》的后边。特此说明。

1958 年 11 月 14 日，茅盾记于北京

"现代化"的话

朋友，假如你不厌烦嚣，喜欢出来走走的话，有几处地方你不可不看。

上海的"东头"，杨树浦那一带，你喜欢吗？想来你一定喜欢的！那边有许多纱厂，——中国轻工业的要塞。没有熟人，你只好望那些巍峨的厂门而兴叹。想来你总可以找到一个熟人吧？那么，中国棉纱大王的领土就许你进去了。可是得先关照你：你要忍耐，因为有几分钟的不舒服。因为那边的空气里全是棉花的纤维，大一点像鹅毛样的飞絮有时竟会一片一片扑到你脸上身上，粘住了不肯去；是的，那边的空气浓厚些，你一下里会觉得闷，怪胀似的。但是不过几分钟罢了，你立刻会惯。并且想来你一念及每天十二小时在那样空气中做工的，也和你一样是人，你自然会仰脸行一次深呼吸，一点也不觉得什么了。

你将被引进了弹松"花衣"的工场。许多黝黑晶亮、蹲着的巨人似的机器，伸长了"粗胳膊"——直径二尺的粗铁管，就同手携手似的组成了工作的一列。它们从下面的帘形滚板上（那你就说是"嘴"吧，为的那许多木条构成的滚板实在太像了牙齿），吞进了压得紧紧的"花衣"，于是通过了它们的肚子，消化——唷，该说是扯松吧，于是又通过了它们的胳膊，送到另一位"巨人"的肚子里。这也干的同样工作——扯松，但一定是高级的工作，因为后来就看见它的一个斗形嘴巴里吐出那些"花衣"来了，那已经松松的，一看就叫你觉得软绵绵，而且颜色也同雪一样白。

这些扯松了的"花衣"像雪块似的落下来，落进一个地洞去了。朋友，也许你当真认是一个洞吧？然而不然。洞是洞，不过洞下又是黑铁管的"粗胳膊"，"花衣"从这胳膊又运到另一个"巨人"的肚子里了。你要看个究竟，你得走到下层的机器间。

说来也许你不肯相信，下层机器间里的"巨人"们就好像专同上层机器间里的伙伴"憋气"似的。好好儿弹得又松又白的"花衣"到它们肚子里不知道怎样一来，就从它们屁股里拉下，早又压得紧紧的，而且变成了一张毡似的，卷在一根铁棒上。它们的扁"屁股眼儿"只管拉、拉，那铁棒只管卷、卷，到后来就像大筒的卷筒纸似的肥得很了，于是走来了一位工人，截断了那拉不完的"扁屎"，就那么连铁棒抱起来，搁到磅秤上过磅。

这时你的"熟人"也许会告诉你，这是"花衣"变成棉纱的第一步手续（严格说，就是第二步），以后就要将这些卷筒纸样的棉毡拉成"棉条"了。

专拉"棉条"的钢巨人可就没有"粗胳膊"，个儿也小些，它们不很吵闹。那卷筒形的棉毡装在上面，慢慢地展开来，就同卷筒纸在印刷机上相仿；可是这专拉"棉条"的钢巨人有一把大钢梳，把那棉毡一梳一梳地又弄碎了，弄碎了就经过它的肚子，消化做浓雾似的喷出来；——朋友，请你想象我用的这个"雾"字，你用什么字好呢？实在可说是棉的瀑布，可是没有瀑布那样势头和厚实，那是稀薄的松松的，恰像雾，——然后这"雾"又经过了或者被吸进了一个巧妙的部分，变做了手指那么粗的又白又嫩的"棉条"。这也是自动地拉出来，自动地装进了一个红漆的长圆铁筒。

以后，这些"棉条"尚须经过又一组的机器（那是小得多，看样子就觉得它们是前面所说的那班钢巨人的少爷），六根并一根，抽成了较细然而较结实的一种"棉条"。于是再经过了吵闹得很厉害的"小姐"式的一组机器，纺成了"粗纱"，——这有普通麻绳那么粗。由粗纱再纺成细纱。担任这一工作的机器，是十足的摩登小姐式了，顶会吵闹。它们一列车有四百个锭子；这些小家伙本来声音不大，可是它们成千成万打伙儿闹起来，那声音就可怕，你对面谈话，喊破了喉咙也听不见。粗纱间和细纱间里要许多女工伺候着；她们是整天没得坐的。她们要"接纱头"，她们要把"罗拉"上的棉絮拭去，她们管理锭子。前面说过的钢巨人却只要很少的几个人伺候，而且大都是男工。

朋友，也许你早就在什么洋行的样子间大玻璃窗前看见过那些成排的静静地站着的纺车吧，这都是供给我们中国人来开发中国，建设中国的。并且如果你到纱厂里看过，走出厂门来松一口气的时候，也许就幻想到中国是已经走上了资本主义的路而且民族资本主义已经确立，——至少像印度似的。

一句话来包括你的感想，朋友，你是相信中国是在步步地"现代化"！

不错呀！十年前的上海和现在很不相同。现在上海被大烟囱包围着。假使你从上海的"东头"转到"西头"，你就看见曹家渡一带也是纱厂林立，不过那是日本人的资本罢了。你再到南市，到闸北，到浦东，你到处看见大烟囱了。尤其是闸北，大大小小的丝厂和大大小小的各部门的工业，例如，电料，洋伞，热水瓶，橡胶，搪瓷，几乎可说色色俱全，就像乡下的"露天茅坑"一样，到处可见。你进了南京路的国货商场，就觉得日用品都有"国产"的了。呵，呵，中国是在步步地"现代化"呵！

　　不错，中国在一步一步"现代化"，或是"工业化"，我也可以相信的；因为不但中国人自家开工厂，外国人也来开。拿纱厂来说吧，全中国共有纱厂一百二十八家，去年开工纱锭四百四十九万三千三百余枚，比前年增加了二十六万五千余枚；在这总数中，属于中国资本家的纱锭，计三百五十二万三千三百余，比前年增加了十四万一千七百多枚，属于日本资本家的，却也有一百七十八万七千余锭，比前年也增加了十万多枚。然而出品呢，去年中国纱厂对日商纱厂只成了一百四十二万七千包对八十万零五千包之比！再讲到原料呢，朋友，你的"熟人"自会告诉你，灵宝花衣怎样不行，只能搀用，因此他们是仰给于美棉的！新近成立的五千万美金大借款，据说就是专购美国的棉麦，救济中国的纺织工业的。这也可见中国将更被"开发"，而且是"利用"了外资！

　　但是朋友，咱们是不"谈"政治的，咱们仍旧讲讲"上海景致"吧。要是你觉得看了大烟囱还不够，我劝你上三马路，北京路，宁波路，还有外滩；那边是中国的金融枢纽。你踱进了中央、中国或是交通，这三家大银行，也许你会看到一件事觉得奇怪；那就是在一处的铜栏杆后面有些办事人老拿着一叠小小的不过半寸阔寸把长的花纸片很快地数着数着。你一定惊赞他们手法的纯熟。而且你也许会看见（要是在月底）铜栏杆外挤着人手，又都是拿了那些小小的花纸片，一束或者竟是一厚叠。朋友，这些小小的花纸片就是公债库券的息票或本息票，因为政府发行的公债库券已经有十一万万了。朋友，也许你因此会想到中国国民的储蓄能力毕竟不弱吧？那么，你最好再去观光一次上海的公债市场，在那边，每天成交在千万以上；满脸流汗的投机者，总在"百万翁"和"穷光蛋"这两者之间翻筋斗。在那边，"做交易"的冲锋似的呐喊，"空头"的大胆，"多头"的魄力，操纵的奇妙，都叫乡下土财主瞪大了眼睛莫名其妙。内地的金钱逃到上海来了，而在现代式的操纵下，不知道有多少乡下土财主压得粉碎，于是逃到上海来的金钱又这样"集中"在少数人的手里了。不用说，资金集中，"财阀"造成，也是中国的"现代化"的征象！

朋友，你喜欢乐一下吗？那就有现代化的各种娱乐随你去挑选。你要是爱细腰粉腿，就有跳舞场。或是你只要看看电影，好呀，大大小小的电影院都有！新开幕的大光明，据说是东亚第一的现代化。现代式的建筑，现代式的装潢；一百多尺的灯塔，远远地就领导你的路向；三个喷水泉喷射五色的花雨；最新科学发明的冷气和热气的装置，最新式的收音机，没有回声的软砖，两千个舒服的座位；而且开映的将是最近欧美现代生活的影片。

并且请你千万不要忘记大光明左近就有建筑中的二十二层的四行储蓄会大厦。这是上海建筑现代化的代表。

所以谁说中国没有"进步"，不是盲目，就是丧心病狂。

朋友，再说内地农村吧。现在大家都嚷着农村经济破产。但是破产尽管破产，现代化仍是步步地在进行呀！这个，你不到农村去看，也可以知道。这几年来，公路建成了不少，乡下人也有眼福看见汽车了；跟着交通的发达，向来闭塞，洋货和钞票不大进得去的地方也就流通无阻了；生活程度也慢慢跟着高了；生活程度高，又是"现代化"的显著征象。还有，跟着交通的发达，大都市里的时髦风气也很快地灌进内地去了；剪发，长旗袍，女大衣，廉价的人造丝织品，国产电影，一齐都来了。都市和乡镇现在正起了交流作用，乡镇的金钱流到都市，而都市的"现代"风气的装饰和娱乐流到乡镇。然而我的朋友，最好你到农村里住上几个月。那时你就知道农村之急速地"现代化"，竟出乎你的意料。譬如从前乡下人的劳力还可以就地零碎出卖：大地主收了几百石的租米，需要很多短工来打白，现在则机器碾米厂到处有的是，工作又快，工钱又便宜，乡下人的劳力就没有人请教。从前戽水用人工，逢到大水年成，乡下人自己收成无望，也还可以出卖劳力给大地主，混他个把月的食粮，现在则"洋水车"把他们排除了。这些还都不算什么。最重要的，资本主义经营的大农场也在有些地方出现了！从前高利贷者的兼并土地还不过是"蚕食"，现在农村资本主义的手腕则是"鲸吞"了。从前乡下人就怕年成不好，现在则年成好了更恐慌，这加速了农村的土地集中，而土地集中就是最显著的农村"现代化"。

所以，朋友，我再说一句：谁以为中国没有"进步"，不是盲目，就是丧心病狂！

（原载 1933 年 7 月 15 日《申报月刊》第 2 卷第 7 期）

炮火的洗礼

我遇到了许多的眼睛，都异样地睁得很大：

这里虽然有悲痛，但也有钢铁似的冷光；有愤怒，但也有成仁取义的圣哲的坚强；有憎恨，有焦灼，然而也有"余及汝偕亡"的激昂。

这都是十天的恶战，三昼夜沪东区的大火，在中国儿女的灵魂上留着的烙印，在酝酿，在锻炼，在净化而产生一个至大至刚，认定目标，不计成败，——配担当这大时代的使命的气魄！

惋惜着悲痛着沪东区的精华付之一炬吗？不错，那边有我们同胞血汗的结晶，有我们民族工业的堡寨，我们不能不悲痛，但是敌人的一把火烧得了我们的庐舍和厂房，却烧不了我们举国一致的抗战的力量！不，敌人这一把火，将我们万万千千颗心熔成一个至大无比的铁心了！

不错，那边有我们同胞血汗的结晶，有我们民族工业的堡寨，然而那边也正是敌人的巢，也正是敌人经济侵略的触角！三日三夜的赤焰是敌人的毒火，然而也是我们出地狱升天堂的净火！在炮火的洗礼中，中国民族就更生了！让不断的炮火洗净了我们民族数千年来专制政治下所造成的缺点，也让不断的炮火洗净了我们民族百年来所受帝国主义的侮辱。

古老的伟大的中华民族，需要在炮火里洗一个澡！

大炮对大炮，飞机对飞机，我们有我们抵抗侵略的爪，抵抗侵略的牙！尤其因为我们有炮火锻炼出来的决心和气魄！

四万万人坚决地沉着地接受炮火的洗礼了！四万万人的热血，在写出东亚历史最伟大的一页了！无所谓悲观或乐观，无所谓沮丧或痛快，我们以殉道者的精神，负起我们应负的十字架！

1937 年 8 月 23 日

（原载 1937 年 8 月 24 日《救亡日报》第 1 号）

"无关"与"忘了"

有"与抗战无关"的文章，也有"叫人忘了抗战"的文章，例如乐府歌辞的研究，律诗起源之探讨，二郎神传说之解释，新出土的古器的考证，乃至研究某一地方的蛇和鼠的种类，这些都可以说是"与抗战无关"的文章。在抗战初期，文坛上有过一种议论，以为任何学术都不会与抗战绝对无关，问题的要点在于治学者的态度和立场，这一见解，当然是对的。从最广义而言，任何学术即使间接又间接都能为抗战服务。好像也有过这样的主张：小学生的算术教本应当"抗战化"。如何"抗战化"呢？一个鸡蛋加两个鸭蛋之类的习题可以不用鸡蛋而代以机枪、大炮、敌我资源的数字、敌人侵占我土地的面积、摧残我文化机关的数字，等等。这用意是可敬的，但对问题的看法不免机械些吧？如果转弯抹角来证明某一地方的蛇和鼠之研究与抗战有关，想来也可能，但总觉得无此必要。凡对于民族文化的"新生"有帮助的，也就是对于抗战有帮助。这一个总原则该可以说明"有关"与"无关"之"关"的意义了吧！

这样说来，不论是研究乐府歌辞，律诗起源，民间传说，出土古器……都可以在"有关""无关"之间自择一途。坚持着求真理的精神，依据着科学的方法，为了扫除武断、独断、盲从、因袭，等等锢习而所做的研究功夫，就都是与抗战有关的，因为都是对于民族文化的"新生"有帮助的；否则，即使表面上搽着"抗战"的保护色，终究是欺人自欺，一无是处。

"叫人忘了抗战"的文章那就完全是另一面目了。这一种的文章，倒也不同于专供有闲者消遣，或供公子哥儿的什么"浪漫"的作品；不同之点在于后者非但使人一望而知"这里没有抗战"，并且作者老老实实也没企图自饰以"抗战"的保护色，更进一步说，作者构思之时根本就不信"抗战"与他或他的读者有关，或者就是他根本不曾意识到自己是在"抗战"的中国。但前者则不然。这一类的文章，就妙在题目是"抗战的"，或与抗战"有关"，作者是在正容厉色地说教，他那种全身心都浸在抗战里的功架，当真叫人看了肃然起敬；然而人们读了文章以后则又如何呢？忘了抗战！更明白地说，便是忘了这"战"应如何方能"抗"，方能"抗"到底，方能"抗"到胜利到来，所以，这一类文章不问主观如何，客观上是"叫人忘了抗战"的！

这一类的文章，亦复五花八门，不一其式。比方说：夸张了非主要的论点，甚至无中生有，大吹其蜃楼海市，转移了人们的注意力，这是一个方式；指鹿为马，把问题缠夹起来，弄成了天下无真是非的空气，以疲劳人们的理解，麻痹人们的理性，这是又一个方式；大唱高调，以超越现实阶段的急进姿态来抵消切切实实求进步的主张，这也是一个方式；从现实中割裂片段而把它独立起来，复援古以证今，而使这些独立的片段神秘化起来，最终则既厚诬了历史亦歪曲了现实，这是方式之又一；至于老老实实不在现实中找题目，回避了当前迫切的问题，而大唱其未来的狂想曲，既以自我陶醉，亦以催眠读者，这当然也是一个方式，去年曾有一时大为流行，不过比较起来，态度可是"天真"得多了。

在文艺的领域内，像这样的叫人忘了抗战的抗战作品，也时有发现，例如把恋爱和反间谍扭合而成的作品，这中间不但有色情，有"英雄主义"，也还有江湖"好汉"的气质，——什么都有，就可惜没有怎样才能够使人不忘记如何真能抗到底，抗到胜利。

话说到这里，不禁想起抗战初期的文艺作品虽然幼稚，虽然单调（即所谓差不多吧），那种严肃而抓紧现实的风气，实在可敬可爱。又想起这几年来，无论以作品以理论来和那些不正确倾向做斗争的努力，实在不曾发挥尽致。要不是读者的批判力是提高了，恐怕文艺界的逆流还要猖獗些吧？读者的眼光之变得更尖锐，是受了现实之赐。严厉的现实锻炼了人们。新力量在成长，只待一声春雷，万紫千红，是会一齐怒放的。

1944 年 5 月 12 日

（原载 1944 年 8 月《微波》创刊号）

虹

不知在什么时候，金红色的太阳光已经铺满了北面的一带山峰。但我的窗前依然洒着绵绵的细雨。

早先已经听人说过这里的天气不很好。敢就是指这样的一边耀着阳光，一边却落着泥人的细雨？光景是多少像故乡的黄梅时节呀！出太阳，又下雨。

但前晚是有过浓霜的了。气温是华氏表四十度①。

无论如何，太阳光是欢迎的。我坐在南窗下看 N. Evréinoff②的剧本。看这本书，已经是第三次了；可是对于那个象征了顾问和援助者，并且另有五个人物代表他的多方面的人格的剧中主人公 Paraclete，我还是不知道应该憎呢或是爱。

这不是也很像今天这出太阳又下雨的天气吗？

我放下书，凝眸遥瞩东面的披着斜阳的金衣的山峰，我的思想跑得远远的。我觉得这山顶的几簇白房屋就仿佛是中古时代的堡垒；那里面的主人应该是全身裹着铁片的骑士和轻盈婀娜的美人。

欧洲的骑士样的武士，岂不是曾在这里横行过一世？百余年前，这群山环抱的故都，岂不是一定曾有些挥着十八贯的铁棒的壮

---

① 约为 4.44 摄氏度。华氏度，温度的一种度量单位。
② N. Evréinoff：尼·叶夫列伊诺夫（1879—1953），俄国剧作家、戏剧理论家和史学家。

士？岂不是余风流沫尚像地下泉似的激荡着这个近代化的散文的都市？

低下头去，我浸入于缥缈的沉思中了。

当我再抬头时，咄！分明的一道彩虹划破了蔚蓝的晚空。什么时候它出来，我不知道；但现在它像一座长桥，宛宛地从东面山顶的白房屋后面，跨到北面的一个较高的青翠的山峰。呵，你虹！古代希腊人说你是渡了麦丘立到冥国内索回春之女神①，你是美丽的希望的象征！

但虹一样的希望也太使人伤心。

于是我又恍惚看见穿了锁子铠，戴着铁面具的骑士涌现在这半空的彩桥上；他是要找他曾经发过誓矢忠不二的"贵夫人"呢，还是要扫除人间的不平？抑或他就是狐假虎威的"鹰骑士"？

天色渐渐黑下来了，书桌上的电灯突然放光，我从幻想中抽身。

像中世纪骑士那样站在虹的桥上，高揭着什么怪好听的旗号，而实在只是出风头，或竟是待价而沽，这样的新式骑士，在"新黑暗时代"的今日，大概是不会少有的吧？

（原载 1929 年 3 月 10 日《小说月报》第 20 卷第 3 号）

---

① 春之女神：指希腊神话中春之女神普洛色宾纳。她被冥王普路同抢到冥界，后得到麦丘立驾长虹救回。但普洛色宾纳被骗食石榴子，每年都要回到冥界。该神话是古代希腊人对于冬春两季交替的解释。

风景谈

前夜看了《塞上风云》的预告片，便又回忆起星星峡外的沙漠来了。那还不能被称为"戈壁"，那在普通地图上，还不过是无名的小点，但是人类的肉眼已经不能望到它的边际，如果在中午阳光正射的时候，那单纯而强烈的反光会使你的眼睛不舒服；没有隆起的沙丘，也不见有半间泥房，四顾只是茫茫一片，那样的平坦，连一个"坎儿井"也找不到；那样的纯然一色，即使偶尔有些驼马的枯骨，它那微小的白光，也早融入了周围的苍茫；又是那样的寂静，似乎只有热空气在做哄哄的火响。然而，你不能说，这里就没有"风景"。当地平线上出现了第一个黑点，当更多的黑点成为线，成为队，而且当微风把铃铛的柔声，叮当，叮当，送到你的耳鼓，而最后，当那些昂然高步的骆驼，排成整齐的方阵，安详然而坚定地愈行愈近，当骆驼队中领队驼所掌的那一杆长方形猩红大旗跃入你眼帘，而且大小叮当的谐和的合奏充满了你耳朵，——这时间，也许你不出声，但是你的心里会涌上了这样的感想的：多么庄严，多么妩媚呀！这里是大自然的最单调最平板的一面，然而加上了人的活动，就完全改观，难道这不是"风景"吗？自然是伟大的，然而人类更伟大。

　　于是我又回忆起另一个画面，这就在所谓"黄土高原"！那边的山多数是秃顶的，然而层层的梯田，将秃顶装扮成稀稀落落有些黄毛的癞头，特别是那些高秆植物颀长而整齐，等待检阅的队伍似的，在晚风中摇曳，别有一种惹人怜爱的姿态。可是更妙的是三五月明之夜，天是那样的蓝，几乎透明似的，月亮离山顶，似乎不过几尺，远看山顶的小米丛密挺立，宛如人头上的怒发，这时候忽然从山脊上长出两只牛角来，随即牛的全身也出现，捐着犁的人形也出现，并不多，只有三两个，也许还跟着个小孩，他们姗姗而下，在蓝的天，黑的山，银色的月光的背景上，成就了一幅剪影，如果给田园诗人见了，必将赞叹为绝妙的题材。可是没有完。这几位晚归的种地人，还把他们那粗朴的短歌，用愉快的旋律，从山顶上飘下来，直到他们没入了山坳，依旧只有蓝天明月黑魆魆的山，歌声可是缭绕不散。

　　另一个时间。另一个场面。夕阳在山，干坼的黄土正吐出它在一天内所吸收的热，河水汤汤急流，似乎能把浅浅河床中的鹅卵石都冲走了似的。这时候，沿河的山坳里有一队人，从"生产"归来，兴奋的谈话中，至少有七八种不同的方音。忽然间，他们又用同一的音调，唱起雄壮的歌曲来了，他们的爽朗的笑声，落到水上，使得河水也似在笑。看他们的手，这是惯拿调色板的，那是昨天还拉着提琴的弓子伴奏着《生产曲》的，这是经常不离木刻刀的，那又是洋洋洒洒下笔如有神的，但现在，一律都被锄锹的木柄磨起了老茧了。他们在山坡下，被另一群所迎住。这里正燃起熊熊的野火，多少曾调朱弄粉的手儿，已经将金黄的小米饭，翠绿的油菜，准备齐全。这时候，太阳已经下山，却将它的余晖幻成了满天的彩霞，河水喧哗得更响了，跌在石上的便喷出了雪白的泡沫，人们把沾着黄土的脚伸在水里，任它冲刷，或者掬起水来，洗一把脸。在背山面水这样一个所在，静穆的自然和弥漫着生命力的人，就织成了美妙的图画。

在这里，蓝天明月，秃顶的山，单调的黄土，浅濑的水，似乎都是最恰当不过的背景，无可更换。自然是伟大的，人类是伟大的，然而充满了崇高精神的人类的活动，乃是伟大中之尤其伟大者！

我们都曾见过西装革履烫发旗袍高跟鞋的一对儿，在公园的角落，绿荫下长椅上，悄悄儿说话，但是试想一想，如果在一个下雨天，你经过一边是黄褐色的浊水，一边是怪石峭壁的崖岸，马蹄很小心地探入泥浆里，有时还不免打了一下跌撞，四面是静寂灰黄，没有一般所谓的生动鲜艳，然而，你忽然抬头看见高高的山壁上有几个天然的石洞，三层楼的亭子间似的，一对人儿促膝而坐，只凭剪发式样的不同，你方能辨认出一个是女的，他们被雨赶到了那里，大概聊天也聊够了，现在是摊开着一本札记簿，头凑在一处，一同在看。——试想一想，这样一个场面到了你眼前时，总该和在什么公园里看见了长椅上有一对儿在偎倚低语，颇有点味儿不同吧？如果在公园时你一眼瞥见，首先第一会是"这里有一对恋人"，那么，此时此际，倒是先感到那样一个沉闷的雨天，寂寞的荒山，原始的石洞，安上这么两个人，是一个"奇迹"，使大自然顿时生色！他们之是否恋人，落在问题之外。你所见的，是两个生命力旺盛的人，是两个清楚明白生活意义的人，在任何情形之下，他们不倦怠，也不会百无聊赖，更不至于从胡闹中求刺激，他们能够在任何情况之下，拿出他们那一套来，怡然自得。但是什么能使他们这样呢？

不过仍旧回到"风景"吧；在这里，人依然是"风景"的构成者，没有了人，还有什么可以称道的？再者，如果不是内生活极其充满的人作为这里的主宰，那又有什么值得怀念？

再有一个例子：如果你同意，二三十棵桃树可以称为林，那么这里要说的，正是这样一个桃林。花时已过，现在绿叶满株，却没有一个桃子。半爿旧石磨，是最漂亮的圆桌面，几尺断碑，或是一截旧阶石，那又是难得的几案。现成的大小石块作为凳子，——而这样的石凳也还是以奢侈品的姿态出现。这些怪样的家具之所以成为必要，是因为这里有一个茶社。桃林前面，有老百姓种的荞麦，也有大麻和玉米这一类高秆植物。荞麦正当开花，远望去就像一张粉红色的地毯，大麻和玉米就像是屏风，靠着地毯的边缘。太阳光从树叶的空隙落下来，在泥地上，石家具上，一抹一抹的金黄色。偶尔也听得有草虫在叫，带住在林边树上的马儿伸长了脖子就树干搔痒，也许是乐了，便长嘶起来。"这就不坏！"你也许要这样说。可不是，这里是有一般所谓"风景"的一些条件的！然而，未必尽然。在高原的强烈阳光下，人们喜欢把这一片树荫作为户外的休息地点，因而添上了什么茶社，这是这个"风景区"成立的因缘，但如果把那二三十棵桃树，半爿磨石，几尺断碣，还有荞麦和大麻玉米，这些其实到处可遇的东西，看成了此所谓风景区的主要条件，那或者是会贻笑大方的。中国之大，比这美得多的所谓风景区，数也数不完，这个值得什么？所以应当从另一方面去看。现在请你坐下，来一杯清茶，两毛钱的枣子，也做一次桃园的茶客吧。如果你愿意先看女的，好，那边就有三四个，大概其中有一位刚接到家里寄给她的一点钱，今天来请请同伴。那边又有几位，也围着一个石桌子，但只把随身带来的书籍代替了枣子和茶了。更有两位虎头虎脑的青年，他们走过"天下最难走的路"，现在却静静地坐着，温雅得和闺女一般。男女混合的一群，有坐的，也有蹲的，争论着一个哲学上的问题，时时哗然大笑，就在他们近边，长石条上躺着一位，一本书掩住了脸。这就够了，不用再多看。总之，这里有特别的氛围，但并不古怪。人们来这里，只为恢复工作后的疲劳，随便喝点，要是袋里有钱；或不喝，随便谈谈天；在有闲的只想找一点什么来消磨时间的人们看来，这里坐的不舒服，吃的喝的也太粗糙简单，也没有什么可以供赏玩，至多来一次，第二次保管厌倦。但是不知道消磨时间为何物的人们却把这一片简陋的绿荫看得很可爱，因此，这桃林就很出名了。

因此，这里的"风景"也就值得留恋，人类的高贵精神的辐射，填补了自然界的贫乏，增添了景色，形式的和内容的。人创造了第二自然！

最后一段回忆是五月的北国。清晨，窗纸微微透白，万籁俱静，嘹亮的喇叭声，破空而来。我忽然想起了白天在一本贴照簿上所见的第一张，银白色的背景前一个淡黑的侧影，一个号兵举起了喇叭在吹，严肃，坚决，勇敢和高度的警觉，都表现在小号兵的挺直的胸膛和高高的眉棱上边。我赞美这摄影家的艺术，我回味着，我从当前的喇叭声中也听出了严肃，坚决，勇敢和高度的警觉来，于是我披衣出去，打算看一看。空气非常清冽，朝霞笼住了左面的山，我看见山峰上的小号兵了。霞光射住他，只觉得他的额角异常发亮，然而，使我惊叹叫出声来的，是离他不远有一位荷枪的战士，面向着东方，严肃地站在那里，犹如雕像一般。晨风吹着喇叭的红绸子，只这是动的，战士枪尖的刺刀闪着寒光，在粉红的霞色中，只这是刚性的。我看得呆了，我仿佛看见了民族的精神化身而为他们两个。

如果你也当它是"风景"，那便是真的风景，是伟大中之最伟大者！

1940年12月于枣子岚垭

（原载1941年1月10日《文艺阵地》第6卷第1期）

大地山河

　　住在西北高原的人们，不能想象江南太湖区域所谓"水乡"的居民的生涯；所谓"暮春三月，江南草长，杂花生树，群莺乱飞"，也还不是江南"水乡"的风光。缺少那交错密布的水道的西北高原的居民，听说人家的后门外就是河，站在后门口（那就是水阁的门），可以用吊桶打水，午夜梦回，可以听得橹声欸乃，飘然而过，总有点难以构成形象的吧？

　　没有到过西北——或者就是豫北陕南吧，如果只看地图，大概总以为那些在普通地图上有名有目的河流，至少比江南"水乡"那些不见于普通地图上的"港"呀，"汊"呀，要大得多吧？至少总以为这些河终年汤汤，可以行舟的吧？有一个朋友曾到开封，那时正值冬季，他站在堤上，却还不知道他脚下所站的，就是有名的黄河堤岸；他向下视，只见有几股细水，在淤黄泥沙中流着，他还问："黄河在哪里？"却不知这几股细水，就是黄河！原来黄河在水浅季节，就是几股细水！

　　大凡在地图上有名有目的西北的河，到了冬季水浅，就是和江南的沟渠一样的东西，摆几块石头在浅处，是可以徒涉的。

　　乌鲁木齐河，那也是鼎鼎大名的；然而当我看见马车涉河而过的时候，我惊讶于这就是乌鲁木齐河！学生们卷起裤管，就徒涉了延水的事，如果不是亲见，也觉得可惊，因为延水在地图上也是有名有目的呀！

但是当夏季涨水的当儿，这些河却也实在威风。延水一次上流涨水，把"女大"①用以系住浮桥的一块几万斤重的大石头冲走了十多丈路。

光是从天空飞过，你不能具体地了解所谓"西北高原"的意义。光是从地上走过，你了解得也许具体些，然而还不够"概括"（恕我借用这两个字）。

你从客机的高度仪的指针上看出你是在海拔三千多米了，然而你从玻璃窗向下看，嘿，城郭市廛，历历在目，多清楚！那时你会恍然于下边是高原了。但在你还得在地上走过，然后你这认识才能够补足。

你会不相信你不是在平地上。可不是一望平畴，麦浪起伏？可是你再极目远望，那边天际一道连山，不也是和你脚下的"平地"是并列的吗？有时你还觉得它比你脚下的低呢！要是凑巧，你的车子到了这么一个"土腰"，下面是万丈断崖，而这万丈断崖也还是中间阶段而已，那时你大概才切实地明白了高原之所以为高原了吧？

这也不是凭空可以想象的。

谢家的哥哥以"撒盐"比拟下雪，他的妹妹说，"未若柳絮因风舞"。自来都认为后者佳胜。自然，"柳絮因风舞"，多么清灵

---

① "女大"：即延安中国女子大学。

俊逸；但这是江南的雪景。如果说北方，那么谢家哥哥的比拟实在也没有错。当然也有下大朵的时候，那也是"柳絮"了，不过，"撒盐"时居多。

积在地上，你穿了长毡靴走过，那煞煞的响声，那颇有燥感的粉末，就会完全构成了"盐"的印象。要是在大野，一望皆白，平常多坎陷与浮土的道路，此时成为砥平则坚实，单马曳的雪橇轻溜溜地滑过，那时你真觉得心境清凉，——而实在，空气也清洁得好像滤过。

我曾在戈壁中远远看见一片白，颇惊讶于五月有雪，后来才知道这是盐池！

1941 年 8 月 19 日

（原载 1941 年 9 月 1 日《笔谈》第 1 期）

开　荒

让我们来想象一下：亿万年以前，地壳的一次变动，把高高低低的位置，全改了个样；亚洲中部腹地有那么一长条，本来是个内海，却突然变成了高原了。于是——在亿万年的悠久岁月中，从北方吹来的定期的猛风，将黄色的轻尘夹带了来，落在这高原上，犹如我们的书桌隔一天会积一层尘埃；于是——悠久的亿万年中，这黄色的轻尘竟会积累得那么多，那么厚，足够担负千万人类生息的任务。

这就是我们今天叫作西北黄土高原的。

你以为这是神话吗？随你高兴怎么想就怎么想吧。但这是人类的智慧现在所达到的最科学的假说，这里有土里发现的一些化石贝壳来给这"假说"撑腰；而且，黄土高原之赫然雄踞在那里，可真是百分之百的现实呵！

让我们再来想象一下：又是亿万年以前，或许是这高原的史前，洪荒世界的主人翁——大爬虫，比现在的一列火车还长还大的爬虫（蜥蜴），曾在这个地方蕃息，昂首阔步；巨大的羊齿类植物曾在这个地方生长，浓绿密布；那时候，不是现在那样童山濯濯。

你以为这是神话吗？随你高兴怎么想就怎么想吧。但是，大爬虫的遗骸，就在前年被掘出来了；这是偶然的发现，打窑洞的时候掘得了一节，后来就从旁再打数洞，又得了数节。现在这遗骸就陈列在延安边区政府，这是现实！

最后，让我们再作一次"想象"：在这苦寒的黄土高原，现在有怎样的人们在干怎样的事？有说各种方言的，各种家庭出身的，经过各种社会生活的青年男女，在那里"开荒"。曾经是摘粉搓脂的手，曾经是倚翠偎红的臂，现在都举起古式的农具，在和那亿万年久的黄土层搏斗——"增加生产"，一个燃烧了热情的口号！而且还有另一面的"开荒"——扫除文盲，实行民主，破除迷信，发展文艺，提倡科学……

你以为这是神话吗？随你爱怎么想就怎么想吧！然而，正像黄土高原是现实一样，这也是现实，活生生的现实呵！

从前，大自然的力量，曾经创造了这黄土高原；如今，怀抱着崇高理想的人们，正在改造这黄土高原。信不信由你，然而这都是现实！

（原载 1941 年 11 月 16 日《笔谈》第 6 期）

我的学化学的朋友

前年冬天，偶然碰到了阔别十年的老朋友 K。几句寒暄以后，K 就很感触似的说：

"这十年工夫，中国真变得快！"

"哦——"

我含糊应了一声，心里以为 K 这"中国真变得快"的议论大概是很用心看了几天报纸的结果。他那时新回中国。他在外国十年，从没看过中国报纸，——不，应该说他从来不看报，无论中外。他是研习化学的，实验管和显微镜是他整个的生命，整个的世界！

K 看了我一眼，慢慢地吸着"白金龙"，又慢慢地喷出烟气来，然后慢慢地摇着头，申述他的感想——或者可说是印象：

"船到杨树浦，还不觉得什么异样；坐了接客小轮到铜人码头上岸，可就不同了！我出国的时候，这一带还没有七八层高的摩天楼。嗳，我是说那座'沙逊房子'，可不是从前还没有？——第二天，亲戚世交都来了帖子请吃饭；看看那些酒馆的店号，自然陌生，那马路的名字倒还面熟，——×路，你记得的吧？民国九年（1920 年），W 逃婚逃到了上海，就住在×路的一个旅馆里，你和我都去看望过她。那时候，我们都是热腾腾的'五四青年'，W 的逃婚我们是百分之百拥护的——这些事，现在想来，我自己总要笑，但×马路却永远不能忘记了，在外国十年，只有这条马路我记得明明白白！可是今回我就闹了一个笑话。车夫拉到了×马路，我还不知道；我看见车夫停下车来，我就板起面孔喊他：'怎么半路里停下来了？我是老上海，你不要乱敲竹杠！'……"

"哈哈哈哈！"

我忍不住大笑。

K也微微一笑，但是立刻又皱了眉头，接下去——

"当真，上海许多马路变到不认识了！后来，我一天一天怕出门了。回国已半个月，今天还是第三次出门呢！"

"是不是怕像上次那样闹笑话？"

"不然，马路换了样，是小事。我觉得上海的人全都换了样。尤其是上海的女人，当真我看不惯！"

听得这么说，我又笑了。那时候上海女人的时装是长旗袍外面套一件短大衣，细而长的假眉毛，和一头蓬松松的长头发。这和K出国那时所见W她们的装束显然不同。我自以为懂得K的心情了，他那时很看重W，不妨说，有几分恋爱她；想来那时候的W的装束也在K的心上留下了不可磨灭的印象吧？因此他觉得眼前的时装女人都"看不惯"吧？可是看见K一脸严肃的劲道，我不好意思开玩笑，我只随便回答着：

"噢噢，那个——但是，K，你以为现在女人的时髦装束不好看吗？"

"嘿！哪里谈得到好看不好看呢！简直是怪！"

K突然好像生气，大声叫了起来。于是，觉着我有点吃惊，他又放低了声浪，很悲哀似的接下去：

"老实告诉你，S，我觉得上海的女人简直是'怪东西'。说她们是外国人吧，她们可实在是中国人；说她们是中国人呢，哼！不像！我所记得的中国女人不是这样的！我不敢出来，就因为我看见了她们就感到不高兴，我好像到了陌生的地方，到了一个特别的国度！"

我睁大了眼睛，惊异到说不出话来。我想不到这位埋头在实验管和显微镜里的老朋友竟还有他个人的"哲学"。我看着K的脸，两道浓眉毛的紧皱纹表示了这位化学家的朴质的心正被化学以外的一些事苦恼着。我觉得应该多说几句话了，可是K又赶着先说道：

"譬如英国吧，——假使你要说譬如德国或法国，都一样；从前我并没有英国朋友，也没多见英国人，但是英国人，我能够了解他们。我读过英国历史，读过英国人所做的一些小说，读过关于英国民族性的书籍，所以我到了英国并不感到陌生，我知道那些面生的人们的思想和性格——或者用我们从前一句老话，人生观！现在上海可就不同了。上海这地方，就好像是一个新国度，历史上从来没有的；上海的男男女女好像是一个新的人种，也是历史上从来没有的。从前我住在上海，并没有过这样的感觉，这次久别重来，我就分明感到了！我回到了故乡，可是我好像漂洋漂到了荒岛，什么都是异样的，我所不能了解的！"

"一点也不错，上海就是一个新国度。这个新国度，就是你出国后十年之内加速度造成的。你不看见租界和华界之间有许多铁门吗？这就是'上海国'的界线！"

"唉！"

我的朋友叹一口气，手撑住了下巴，不作声了。过了一会儿，他自言自语地说：

"真糟糕！我是家在上海的。光景非在这个'国度'里做老百姓不可了，然而我是一个陌生人，这真糟糕！"

"但是，K，如果你住上半年，你就能够懂得上海人了。"

我的口气，一点不带玩笑，K似乎很感动。他望了我一眼，性急地问道：

"有这一类的书吗？最好是有书。你知道我是研究化学的，有机物或无机物，我都能够分析化验，但是碰到活活的人，我的拿手戏法就不中用了！我只能从书本子上去了解他们。"

"书是没有的。不过有法子。你先去读读《洋泾浜章程》，研究研究租界里的'华人教育'从前是怎样的，现在是怎样的；你还应该去考察考察上海有多少教堂，多少传道所，你要去听听牧师的传道；你要统计一下，上海有许多电影院，开映的是什么影片；你还要留心读读上海出版的西字报和华字报。——这样下去半年，你自然会懂得上海人了。"

"太难，太难！"

K苦闷地摇着头说。

"那么还有一个办法：你不要一头钻在实验管和显微镜里，你大着胆子到处跑跑，——上海女子的猩红的嘴唇不会咬你一口的；你混上半年，就很够了，不过到了那时候，你自己也成了上海人，也许你依然不懂得上海人是怎样一种'民族'，然而你一定不会感到陌生！"

我说着又忍不住哈哈笑了。我知道我的这位老朋友的脾气；第一条路他不肯走，第二条路他也不能走，他是一个"书毒头"（书呆子）！

K 似乎也明白我的笑声里的意义，他的左手摸着下巴，愕然睁大了眼睛，接着又摇了摇头，轻声说：

"大概乡下还是十年前的老样子吧？我应该说上海变得快，不是全中国，对不对？"

于是轮到我愕然睁大了眼睛了。我真料不到 K 还是十年前的老脾气，抵死不看报纸。我拍着这位老朋友的肩膀，很诚恳地说：

"不错，K，你到乡下去住一下是很有益的！因为你那时就会知道乡下有些地方，有些人，也是你陌生的！那时你就知道中国境内不但有'上海国'，还有许多别的'国'！"

说到这里，我的老婆走了进来，我就不管 K 怎样鼓起了眼睛发怔，一把拉起他来，要他"凑一个搭子"打四圈麻将再说。

（原载 1933 年 8 月 1 日《文学》第 1 卷第 2 号）

马达的故事

一 马达的"屋子"

东山教员住宅区^①有它的特殊的情调。

这是一到了这"住宅区"的人们立刻就会感到的，然而，非待参观过各位教员的各种个性的"住宅"以后，说不出它的特殊在哪里；而且，非得住上这么半天，最好是候到他们工作完毕，都下来休息了，一堆一堆坐着站着谈天说地，而他们的年青的太太们也都带着儿女们出来散步，这高冈上的住宅区前面那一片广场上交响着滔滔的雄辩，圆朗的歌声及女性的和婴儿的咿咿呀呀学语的柔和细碎的话声的时候，其所谓特殊情调的感觉也未必能完整。

而在这中间，马达^②的巨人型的身材，他那方脸、浓眉、阔嘴，他那叉开了两腿，石像似的站着的姿势，他那老是爱用轩动眉毛来代替笑的表情，而最后，斜插在嘴角的他那支硕大无比的烟斗，便是整个特殊中尤其突出的典型。

不曾听说马达有爱人，也没有谁发现过马达在找爱人，他是"东山教员"集团内少数光棍中间最为典型的光棍。他的"住宅"就说

① 东山教员住宅区：指延安鲁迅艺术文学院教员住宅区。
② 马达（1904—1978）：广西北流人。木刻家。

明了他这一典型，他的"住宅"代表了他的个性。没有参观过马达的"住宅"，就不会对于"东山教员住宅区"的各个"住宅"的个性了解得十分完整。

门前两旁，留存的黄土层被他削成方方整整下广上锐的台阶形，给你扑面就来一股坚实朴质的气氛，当斜阳的余晕从对面山顶淡淡地抹在这边山冈的时候，我们的马达如果高高地坐在这台阶的最上一层，谁要说这不是达·芬奇的雕像，那他便是没眼睛。白木的门框，白木的门；上半截的方格眼蒙着白纱。门楣上刻着两个字：马达。阳文，涂黑，雄浑而严肃，犹似他的人。

但是门以内的情调可不是这般单纯了。土质的斗形的工作桌子，庄重而凝定，然而桌面的二十五度的倾斜，又多添了流动的气韵。后半室是高起二尺许的土台，床在中心，四面离空，几块玲珑多孔的巨石作了床架，床下地面繁星一般铺了些小小的石卵，其中有些是会闪耀着金属的光辉。一床薄被，一张猩红的毯子，都叠成方块，斜放在床角。这一切，给你的感觉是凝定之中有流动，端庄之中有婀娜，突兀之中却又有平易。特别还有海洋的气氛，你觉得他那床仿佛是个岛，又仿佛是粗阔的波涛上的一叶扁舟。

然而这还没有说尽了马达这"屋子"的个性。为防洞塌，室内支有木架，这是粗线条的玩意。可是不知他从哪里去弄来了一枝野藤（也许不是藤，总之是这一类的东西），沿着木架，盘绕在床前头顶，小小的尖圆的绿叶，璎珞倒垂。近根处的木柱上，一把小小的铜剑斜入木半寸，好像这是从哪里飞来的，铿然斜砍在柱上以后，就不曾拔去。

朝外的土壁上，标本似的钉着一枝连叶带穗的苗壮的小米。斗形的工作台上摆着全副的木刻刀，排队一般，似乎在告诉你：他们是随时准备出动的。两边土壁上参差地有些小洞，这是壁橱，一只小巧的表挂在左边。一句话，所有的小物件都占有了恰当的位置，整个儿构成了媚柔幽娴的调子。

巨人型的马达，就住了这么一个"屋子"。一切都是他亲手布置，一切都染有他的个性。他在这里工作，阔嘴角斜叼着他那硕大无比的烟斗。他沉默，然而这像是沉默的海似的沉默。他不大笑，轩动着他的浓重的眉毛就是他代替了笑的。

二　马达的烟斗和小提琴

认识马达的人，先认识他的大烟斗。

马达的大烟斗，是他亲手制造的。

"这有几斤重吧？"人们开玩笑对他说。

于是马达的浓眉毛轩动了，他那严肃的方脸上掠过了天真的波动似的笑影。他郑重地从嘴角上取下他的烟斗，放在眼前看了一眼，似乎在对烟斗说："嘿！你这家伙！"

他可以让人家欣赏他的烟斗。像父母将怀抱中的爱子递给人家抱一抱似的，他将他的烟斗交在人家手里。

那"斗"是什么硬木的老根做的，浑圆的一段，直径足有一寸五分。差不多跟鼓槌一样的硬木枝（但自然比真正的鼓槌小些），便做成了"杆"，插在那浑圆的一段内。

欣赏者擎起这家伙，做着敲的姿势，赞叹道："呵，这简直是个木榔头（槌子）呢！"他仰脸看着马达，想要问一句道："是不是你觉得非这么大这么重，就嫌不称手？"可是马达的眉毛又轩动了，他从对方的眼光中已经读到了对方心里的话语，他只轻声说了七个字："相当的材料没有。"

"这杆子里的孔，用什么工具钻的？"

"木刻刀。"回答也只有三个字。

这三个字的回答使得欣赏者大为惊异，比看着这大烟斗本身还要惊异些，凭常情推断，也可以想象到，一把木刻刀要在这长约四寸的硬木枝中穿一道孔，该不是怎样容易的。马达的浓眉毛又轩动了，他从欣赏者脸上的表情明白了他心里的意思；但这回他只天真地轩动了眉毛而已，说明是不必要的，也是像他这样的人所想不到的。

可不是，原始人凭一双空手还创造了个世界呢，何况他还有一把木刻刀！

市上卖的不是没有烟斗。这是外边来的粗糙的工业制造品，五毛钱可以买到一支。虽说是粗糙的工业制造品，但在一般人看来，还不是比马达手制的大家伙精致些。鄙视工业制造品的心理，马达是没有的，即使是粗糙的东西。然而这五毛钱的家伙可小巧得出奇。要是让马达叼在嘴角，那简直像是一只大海碗的边上挂着一支小小的寸把长的瓷质的中国式汤匙。

"你也买过现成的烟斗吗？"欣赏者又贸贸然问了。

"买过，"马达俯首看着欣赏者的脸，轻声说，于是他慢慢地抬起头来，看着遥远的空际，他那富于强劲的筋肉的方脸上又隐约浮过了柔和而天真的波纹，似乎他在遥远的空际望到了遥远的然而又近在目前的过去，"买过的，"他又轻声说，"比这一支小些！"

他从欣赏者手里接过了他的爱人一般的大烟斗。叉开了两腿，他石像似的站着，从烟斗里一缕一缕的青烟缭绕上升，在他那方脸上掠过，好像高冈上的一朵横云。刹那间云烟散了，一对柔和的眼睛沉静地看着你，看着周围的一切，看着这世界宇宙。于是你会唤起了什么的回忆：那是海，平静的海，阔大，而且和易，海鸥们在它面上扑着翼子，追逐游戏，但是在这平静和易之下，深深的，几十尺以下，深深的蛟龙潜伏在那里，而且，当高空疾风震雷闪电突然际会的时候，这平静的海又将如何，谁又能知道呢？

一天，夕阳西下，东山教员住宅区前那一片广场上照例喧腾着笑声、歌声、谈话声的时候，人们忽然觉得缺少了什么东西。

叉开了两腿，叼着大烟斗，石像似的站着，只用轩动眉毛来代替笑的马达，不在这里。当他照例那样站着和人们在一处的时候，人们不一定时时想着："哦！马达在这里！"但当这巨人型的马达忽然不在的时候，人们就很尖锐地感到缺少了一件不能缺少的东西。

"马达正在向他的爱人进攻呢！"和马达作紧邻的人笑了说，"马达是会用水磨功夫的！"

这一句不辨真假的话，可能立刻成为一个主题；戏剧家、小说家、诗人、漫画家、作曲家，甚至也还有理论家，一时会纷纷议论，感到极大的兴趣。女同志们睁大了眼睛听，同时也发表了她们的观察和分析。

不错，马达是正在用水磨功夫，对付——但不是人，而是一块薄薄的木板子。

当好奇者在马达"住宅"的门前发现了他的时候，这巨人正躬着腰，轻轻而又使劲地，按住一块薄薄的木板子，在一块砂石上做水磨，那种谨慎而又敏捷的姿势，好像十七八岁的小儿女在幽闺中刺绣。

谁要是看了这样专心致意而又兴趣盎然，还会贸然冲上去问一句"喂，马达同志，你这是干吗的？"——那他真是十足的冒失鬼。

蹲在一旁，好奇者孜孜地看着：他渐渐忘记了马达，马达也似乎始终不曾见到他。

大烟斗里袅起青烟的当儿，马达轩动着眉毛，探身从土台的最高一级拿下个古怪的东西，给好奇者看。

"哦！"好奇者恍然大悟了。这是个小提琴的肚子，长颈子还没装上；这也是薄薄的木板——该说是木片，已经被弯成吕字形，中间十字式的木架撑住，麻绳扎着；这是极合规则的小提琴的肚子，但前后壁却还缺如。

"哦，"好奇者指着马达正做着水磨功夫的一块说，"这是装在那'肚子'上的吧？"

马达点头，又轩动着眉毛，满脸的笑意。

被水磨的那块板并不是怎样坚硬细致的木料，马达总希望将它弄到尽可能地光滑，他找不到砂皮，所以想出了水磨的法子。但是，已经被磨成"吕"字形的长条的薄木片，光滑固然未必十足，全体厚薄之匀称却是惊人的。

"呵！这样长而且薄的木板，你从哪里去弄来的？"好奇者吃惊地问。

"买来的，"马达静静地回答，柔和的眼光忽然闪动了，像是兴奋，又像是害羞，"新市场里买的。"

"哦！"好奇者仰脸注视着马达的面孔，"了不起！"这当儿，他的赞叹已经从木板移到人，他觉得别的且不说，光是能够"找到"这样的薄薄的木板，也就是"了不起"的事情。

马达完全理会得这个意思，他庄重地说道："买这容易。这是本地老百姓做蒸笼的框子用的！"

于是谈论移到了制造一个小提琴所必需的其他材料了。马达以为弦线最成问题。

"胡琴用的弦线，勉强也可以。"马达静静地说，从嘴角取下他那大烟斗。

躬着腰，他又专心一意兴趣盎然去对付那块木板了。好奇者默默地在一旁看，从那大烟斗想到未来的小提琴，相信它一定会被制成的。

隔了好几天，傍晚广场上照例的小堆小堆的人们中间，又照例地有叉开了两腿，叼着大烟斗的马达了。他的小提琴制成了吧？没有人问他，照例他不会先对人家提到这话儿。然而大家都知道，制成是没有疑问的。当好奇者问他："那弦线怎样？成吗？"

"木料也不成！"马达庄重地回答。

只是这么一句话。

青烟从大烟斗中袅袅升起，烟丝在烟斗里吱吱地叫。马达轩起了他那浓眉，举起柔和的眼光，望着对面山顶的斜阳，斜阳中款款摇摆着的狗尾巴草似的庄稼，驮着斜阳慢慢走下山冈来的牛羊。

（原载 1945 年 3 月《艺文志》第 2 期）

不能忘记的一面之识

他们第一次感觉到有这么一位年轻人在他们一起，是在天方破晓，山坡的小松林里勉强能够辨清人们面目的时候。朝霞掩蔽了周围的景物，人们只晓得自己是在一座小小的森林中，而这森林是在山的半腰。夜来露重，手碰到衣服上觉着冷，北风穿过森林扑在脸上，虽然是暖和的南国的冬天，人们却也禁不住打起寒战来了。

昨夜他们仓皇奔上这小山，只知道是到一个比较安全的地方，敌人的游骑很少可能碰到的地方；上弦月早已西沉，朦胧中不辨陵谷，他们只顾跟着向导走，仿佛觉得是在爬坡，便断定是到山里的一间土寮或草寮去，那里有这么几株亭亭如盖的大树，掩护得很周密而又巧妙，而且——就像他们在木古所经历过的住半山土寮的风味，躺在稻草堆上一觉醒来，听远处断断续续的狗叫，似在报道并无意外，撑起半身朝寮外望一眼，白茫茫中有些黑魆魆，像一幅迷漫的米芾水墨画，这也算是够"诗意"的了。他们以这样的"诗意"自期，脚下在慢慢升高，谁知到最后站住了的时候却发现这期待是落空了，没有土寮，也没有草寮，更没有亭亭如盖的大树，只有疏疏落落散布开的小树，才到一人高。然而这地方之尚属于危险区域，那时倒也不知道。现在，他们在晓风中打着寒噤，睁大了眼发愣，可突然发觉在他们周围，远远近近，有比他们多一倍的武装人员，不用说，昨夜是在森严警戒中糊里糊涂地睡了一觉。

不安的心情正在滋长。一位年轻人，肩头挂一枝长枪，胸前吊颗手榴弹，手提着一支左轮，走近他们来了。他操着生硬的国语，几乎是一个一个单字硬拼凑起来的国语，告诉他们：已经派人下去察看情形了，一会儿就能回来，那时就可以决定行动了。

"敌人在什么地方？"他们之中的 C 君问。

年轻人好像不曾听懂这句话，但是不，也许他听懂，他侧着头想了想，好像一个在异国的旅客临时翻检他的"普通会话手册"，要找一句他一时忘记了的"外国话"；终于他找到了，长睫毛一闪，忽然比较流利地答道："等等就知道了。"

如果说是这句话的效力，倒不如说那是他的从容不迫的态度给人家一服定心剂，人们居然自作了结论：敌人大概已经转移方向，威胁是已经解除了。然而人心总是无厌的，他们还希望他们自作的结论得到实证。眼前既然有这么一位"语言相通"的人，怎么肯放过他？问题便像榴霰弹似的纷纷掷到他头上。他们简直不肯多费脑力估量一下对方的国语程度究竟是能够大概都听懂了呢，还是连个大概都听不懂，而只能像一位环绕地球的游客就凭他那宝贝的"会话手册"找出他所要说的那几句话。

但是年轻人不忙不慌静听着，闪动着他的长睫毛。末了，他这才回答，还是那一句："等等就知道了。"这一句话，现在可没有刚才那样的效力了。因为提出的问题太多又太复杂，这一句回答不能概括。人们内心的不安，开始又在滋长。他们开始怀疑这位年轻人能听懂也能说的国语究竟有几句了，如果他们还能够不起恐慌，那亦还是靠了这位年轻人的镇静从容的态度。

幸而这所谓"等等"，不久就告终，"就知道"的事情也算逐一都知道了。敌人果然离这小村落远些了，他们可以下山去，到屋里一歇了。

在一座堡垒式的大房子里，人们得到了一切的满足：关于"敌情"的，关于如何继续赶路的，最后，关于休息和口腹的需要。

因为是整夜不曾好生睡觉，他们首先被引进一间房去"休息"一会儿，这房本来也有人住，但此时却空着。招待他们的人——两位都能说国语，七手八脚把一些杂乱的东西，例如衣服、碗盏之类，堆在一角，清理出一张大床来，那是十多块松板拼成，长有八九尺，宽有四五尺，足够一"班"人并排躺着的家伙；又弄来了一壶开水，于是对他们说："请休息吧，早饭得了再来请你们。"

这房只有一个小小的窗洞，狭而长。实在不能算是窗，只可说是通气洞。但真正的用途，却是从这里可以射击屋子外边的敌人。此时朝暾半上，房里光线黯淡，而在他们这几位弄惯了必先拉上窗帏然后始能睡觉的人看来，倒很惬意。然而他们睡不着，也许因为疲劳过度上了虚火，但也许因为肚子里空，他们闭眼躺在那些松板上，可是睡不着。

但是不久就来请吃早饭了。

吃饭的时候，招待他们的两位东道主告诉他们：今晚还得走夜路，不远，可也有三十多里，因此，白天可以畅快地睡个好觉。

他们再回那间房去，刚到门口，可就愣住了。

因为是从光线较强的地方来的，他们一时之间也看不清楚，但觉得房里闹哄哄挤满了人，嘈杂的说笑，他们全不懂。然而随即也就悟到，这是这间房的老主人们回来了，是放哨或是"摸敌人"回来了，总之，也是急迫需要休息的。

渐渐地看明白，闹哄哄的七八人原来是在解下那些挂满了一身的劳什子：灰布的作为被子用的棉衣、子弹带、面巾、像一根棒槌似的米袋、马口铁杯子、手榴弹，等等，都堆在墙角的一只板桌上。看着那几位新客带笑带说，好像是表示抱歉，然后一个一个又出去了，步枪却随身带起。

房里又寂静了，他们几位新客呆了半晌，觉得十二分的过意不去；但也只好由它，且作"休息"计。他们都走到那伟大的板铺前，正打算各就"岗位"，这才看见房里原来还留得有一个人，他坐在那窗洞下，低着头，在读一本书，同时却又拿支铅笔按在膝头，在小本上写些什么。

看见他是那么专心致志，他们都不敢作声。

一会儿，他却抬起头来了，呀，原来就是早晨在山上见过的那位年轻人。

只记得他是多少懂得点国语的，他们之中的 C 君就和他招呼，觉得分外亲切，并且对于占住了房间的事，表示歉意。

年轻人闪动着长睫毛，笑了一笑。这笑，表示他至少懂得了 C 君的意思。可是他并不开口，凝眸望了他们一眼，收拾起书笔，站起身来打算走。

"不要紧，你就留在这里，不妨碍我们的，况且我们也不想睡。"C 君很诚恳地留他。

C 君的同伴们也表示了同样的意思。

他可有点惘然了。——是呀，他这时的表情，应当说是"惘然"，而不"踌躇"。长睫毛下边的澄澈而凝定的眼睛表示了他在脑子里搜索一些什么东西。终于搜索到了，乃是这么一句："我的事完了。"

他似乎还有多少意思要倾吐，然而一时找不到字句，只好笑了笑，又要走。这当儿C君看见他手里那本很厚的书就是他们一个朋友所写的《论民族民主革命》，一本高级的理论书，不禁大感兴趣，就问他道："你们在研究这本书吗？"

他的长睫毛一敛，轻声答道："深得很，看不懂。"忽然他那颇为白皙的脸上红了一下，羞怯怯地又加一句："没有人教。"

"你们有学习小组没有？"

年轻人想了一会儿，然后点头。

"学习小组上用什么书？不是这一本吗？"

"不是。"年轻人的长睫毛一动，垂眼看着手里那本书，又叹气似的说，"好深呵，好多地方不懂。"

这叹息声中，正燃烧着火焰一样的知识欲；这叹息声中，反响着理论学习的意志的坚决，而不是灰心失望。他们都深深感动了。C君于是问道：

"你是哪里人？"

"新加坡。"

"什么学校？"

"我是做工的。"年轻人回答，长睫毛又闪动一下。

这一回答的出人意料，不下于发现他在自习那本厚书。C君的同伴们都加入了谈话。而且好像这极短时间的练习，已经使得那年轻人的国语字汇增加了不少，谈话进行得相当热闹。

从他的不大完全的答语中，他们知道了他生长在新加坡，父母是工人，兄弟姊妹也是工人，他本人念过一年多的小学，后来就做机器工人，抗战以后回祖国投效，到这里也一年多了。

"你怎么到了这里的？"有人冒昧地问。

年轻人又有点惘然了。急切之间又找不到可以表达他的意思的国语了，他笑了笑，低垂着长睫毛，又回到原来的话题，叹息着说："知识不够，时间——时间也不够呀。"

于是把那本厚书塞进衣袋，他说："我还有事，等等，时间到了，会来叫你们。"便转身走了。

房里又沉静了，一道阳光从窗洞射进来，那一条光柱中飘游着无数的微尘，真可以说一句万象缤纷。他们都躺在松板上，然而没睡意，那年轻人的身世，性格——虽然只从这短促的会晤中窥见了极少的一部分，可是给他们无限兴奋。

态度沉着，一对聪明而又好作深思的眼睛，长长的睫毛，异常清秀端庄的面孔，说话带点羞涩的表情——这样一个年轻人，这样一个投身于艰苦的战斗生活的年轻人，仿佛在他身上就能看出中华民族的最优秀的儿女们的面影。

（原载 1945 年 7 月良友复兴图书印刷公司版《时间的纪录》）

忆冼星海

和冼星海[①]见面的时候，已经是在听过他的作品（抗战以后的作品）的演奏，并且是读过了他那万余言的自传以后。（这篇文章发表在延安出版的一个文艺刊物上，是他到了延安以后写的。）

那一次我所听到的《黄河大合唱》，据说还是小规模的，然而参加合唱人数已有三百左右；朋友告诉我，曾经有过五百人以上的。那次演奏的指挥是一位青年音乐家（恕我记不得他的姓名），是星海先生担任鲁艺音乐系的短短时期内训练出来的得意弟子；朋友又告诉我，要是冼星海自任指挥，这次的演奏当更精彩些。但我得老实说，尽管"这是小规模"，而且由他的高足，代任指挥，可是那一次的演奏还是十分美满；——不，我应当承认，这开了我的眼界，这使我感动，老觉得有什么东西在心里抓，痒痒得又舒服又难受。对于音乐，我是十足的门外汉，我不能有条有理告诉你：《黄河大合唱》的好处在哪里。可是它那伟大的气魄自然而然使人鄙吝全消，发生崇高的情感，光是这一点也就叫你听过一次就像灵魂洗过澡似的。

从那时起，我便在想象：冼星海是怎样一个人呢？我曾经想象他该是木刻家马达（凑巧他也是广东人）那样一位魁梧奇伟，沉默

---

① 冼星海（1905—1945）：广东番禺人。作曲家。

寡言的人物。可是朋友们告诉我：不是，冼星海是中等身材，喜欢说笑，话匣子一开就会滔滔不绝的。

我见过马达刻的一幅木刻：一人伏案，执笔沉思，大的斗篷显得他头部特小，两眼眯紧如一线。这人就是冼星海，这幅木刻就名为《冼星海作曲图》。木刻很小，当然，面部不可能如其真人，而且木刻家的用意大概也不在"写真"，而在表达冼星海作曲时的神韵。我对于这一幅木刻也颇爱好，虽然它还不能满足我的"好奇"。而这，直到我读了冼星海的自传，这才得了部分的满足。

从星海的生活经验，我了解了他的作品之所以能有这样大的气魄。做过饭店堂倌，咖啡馆杂役，做过轮船上的锅炉间的伙夫，浴堂的打杂，也做过乞丐，——不，什么都做过的一个人，有两种可能：一是被生活所压倒，虽有抱负只成为一场梦，又是战胜了生活，那他的抱负不但能实现，而且必将放出万丈光芒。"星海就是后一种人！"——我当时这样想，仿佛我和他已是很熟悉的了。

大约三个月以后，在西安，冼星海突然来访我。

那时我正在候车南下，而他呢，在西安已住了几个月，即将经过新疆而赴苏联。当他走进我的房间，自己通了姓名的时候，我吃了一惊，"呀，这就是冼星海吗！"我心里这样说，觉得很熟识，而也感到生疏。和友人初次见面，我总是拙于言辞，不知道说些什么好，而在那时，我又忙于将这坐在我对面的人和马达的木刻中的人做比较，也和我读了他的自传以后在想象中描绘出来的人做比较，我差不多连应有的寒暄也忘记了。然而星海却滔滔不绝说起来了。他说他刚出来，就知道我进去了，而在我还没到西安的时候就知道我要来了；他说起了他到苏联去的计划，问起了新疆的情形，接着就讲他的《民族交响乐》的创作。我对于音乐的常识太差，静聆他的议论，（这是一边讲述他的《民族交响乐》的创作计划，一边又批评自己和人家的作品，表示他将来致力的方向。）实在不能赞一词。岂但不能赞一词而已，他的话我记也记不全呢。可是，他那种气魄，却又一次使我兴奋鼓舞，和上回听到《黄河大合唱》一样。拿破仑说他的字典上没有"难"这一字，我以为冼星海的字典上也没有这一个字。他说，他以后的十年中将以全力完成他这创作计划；我深信他一定能达到。

我深信他一定能达到。因为他不但有坚强的意志和伟大的魄力，并且因为他又是那样好学深思，勇于经验生活的各种方面，勤于收集各地民歌民谣的材料。他说他已收到了他夫人托人带给他的一包陕北民歌的材料，可是他觉得还很不够，还有一部分材料（他自己收集的）却不知弄到何处去了。他说他将在新疆逗留一年半载，尽量收集各民族的歌谣，然后再去苏联。

现在我还记得的，是他这未来的《民族交响乐》的一部分的计划。他将从海陆空三方面来描写我们祖国山河的美丽，雄伟与博大。他将以"狮子舞""划龙船""放风筝"这三种民间的娱乐，作为他这伟大创作的此一部分的"象征"或"韵调"。（我记不清他当时用了怎样的字眼，我恐怕这两个字眼都被我用错了。当时他大概这样描写给我听：首先，是赞美祖国河山的壮丽，雄伟，然后，狮子舞来了，开始是和平欢乐的人民的娱乐，——这里要用民间"狮子舞"的音乐，随后是狮子吼，祖国的人民奋起反抗侵略者了。）他也将从"狮子舞""划龙船""放风筝"这三种民族形式的民间娱乐，来描写祖国人民的生活、理想和要求。"你预备在旅居苏联的时候写你这作品吗？"我这么问他。"不！"他回答，"我去苏联是学习，吸收他们的好东西。要写，还得回中国来。"

那天我们的长谈，是我和他的第一次见面，谁又料得到这就是最后一次呵！"要写，还得回中国来！"这句话，今天还在我耳边响，谁又料得到他不能回来了！

这也就是为什么我在写这小文的时候还觉得我是在做噩梦。

我看到报上的消息时，我半晌说不出话。

这样一个人，怎么就死了！

昨晚我忽然这样想：当在国境被阻，而不得不步行万里，且经受了生活的极端的困厄，而回莫斯科去的时候，他大概还觉得这一段"傥来"①的不平凡的生活经验又将使他的创作增加了绮丽的色彩和声调；要是他不死，他一定津津乐道这一番的遭遇，觉得何幸而有此吧？

现在我还是这样想：要是我再遇到他，一开头他就会讲述这一段颠沛流离的生活，而且要说，"我经过中亚细亚，步行过万里，我看见了不少不少，我得了许多题材，我做成了曲子了！"时间永远不能磨灭我们在西安的一席长谈给我的印象。

一个生龙活虎般的具有伟大气魄，抱有崇高理想的冼星海，永远坐在我对面，直到我眼不能见，耳不能听，只要我神智还没昏迷，他永远活着。

1946 年 1 月 5 日

（原载 1946 年 1 月 28 日《新文学》第 2 期）

---

① 傥来：意外得来的意思。《庄子·缮性》："物之傥来，寄者也。"成玄英疏："傥者，意外忽来者耳。"

叩　门

答，答，答！

我从梦中跳醒来。

——有谁在叩我的门？我迷惘地这么想。我侧耳静听。声音没有了。头上的电灯洒一些淡黄的光在我的惺忪的脸上。纸窗和帐子依然是那么沉静。

我翻了个身，朦胧地又将入梦，突然那声音又将我唤醒。在答，答的小响外，这次我又听得了呼——呼——的巨声。是北风的怒吼吧？抑或是"人"的觉醒？我不能决定。但是我的血沸腾。我似乎已经飞出了房间，跨在北风的颈上，奔然驱驰于长空！

然而巨声却又模糊了，低微了，消失了；蜕化下来的只是一段寂寞的虚空。

——只因为是虚空，所以才有那样的巨声呢！我哑然失笑，明白我是受了哄。

我睁大了眼，紧裹在沉思中。许多面孔，错落地在我眼前跳舞；许多人声，嘈杂地在我耳边争讼。蓦地一切都寂灭了，依然是那答，答，答的小声从窗边传来，像有人在叩门。

"是谁呢？有什么事？"

我不耐烦地呼喊了。但是没有回音。

我捻灭了电灯。窗外是青色的天空闪耀着几点寒星。这样的夜半，该不会有什么人来叩门，我想；而且果真是有什么人呀，那也一定是妄人：这样唤醒了人，却没有回答。

但是打断了我的感想，现在门外是殷殷然有些像雷鸣。自然不是蚊雷。蚊子的确还有，可是躲在暗角里，早失却了成雷的气势。我也明知道不是真雷，那在目前也还是太早。我在被窝内翻了个身，把左耳朵贴在枕头上，心里疑惑这殷殷然的声音只是我的耳朵的自鸣。然而忽地，又是——

答，答，答！

这第三次的叩门声，在冷空气中扩散开来，格外的响，颇带些凄厉的气氛。我无论如何再耐不住了，我跳起身来，拉开了门往外望。

什么也没有。镰刀形的月亮在门前池中送出冷冷的微光，池畔的一排樱树，裸露在凝冻了的空气中，轻轻地颤着。

什么也没有，只一条黑狗趴在门口，侧着头，像是在那里偷听什么，现在是很害羞似的垂了头，慢慢地挨到檐前的地板下，把嘴巴藏在毛茸茸的颈间，缩做了一堆。

我暂时可怜这灰色的畜生，虽然一个愤愤地怒斥掠过我的脑膜：

是你这工于吠影吠声的东西，丑人作怪似的惊醒了人，却只给人们一个空虚！

（原载 1929 年 1 月 10 日《小说月报》第 20 卷第 1 号）

佩服与崇拜

我以为我们不论对于古人或今人，只有佩服没有崇拜；而且佩服的也绝不是这"人"，却是这人的"某话""某行为"。换一句话，即是佩服的是真理，不是其人（真理本来常存，不过因其人一为发扬，更加显明，人人知道罢了，不是发明，可说是发现）。

我又以为凡是佩服，一定是先了解其人的话；就是听了这句话后，先经过自己理性的审考，觉得这句话实在是我有在心头，而说不出于口头的，实在打中了我的心坎，然后佩服的心会生；否则，这是盲从。何以会不辨辨人家说话的味道就盲从呢？因为对于其人崇拜的缘故。

所以我说：只有佩服，没有崇拜；因为崇拜的心理，易使行为入于盲从。

我又以为中国人崇拜心是一向很重的；几千年来入儒家者流的人，对于孔二先生，没有一句话是错的，这是一层崇拜；像后汉王充这种人敢于诘孟、问孔（《论衡》上两篇名），真是毁圣的了，放在明朝，谁不将他和金圣叹一般骂，然而因为他到底是古人，所以他的书不毁，纪老先生[①]也请他进四部的子部杂家，没有加他一

———————
① 纪老先生：指纪昀（1724—1805），字晓岚，河北献县人。清代学者，曾任《四库全书》馆总纂官。

个"驳杂不纯"，放在存目，这不是又是一重崇拜吗？

所以我说：中国人是富于崇拜性，大家崇拜孔二先生；后人又崇拜今人；推之于现在社会，便是"白胡须老头儿"比较古些，所以说话也灵些。

但是现在我们应得醒醒了，应得把脑子里崇拜两个字的影子磨了，只可有佩服，而且只佩服真理，不是人——就是我们得多起理性作用，少起感情作用。

本来我们大家是向那无尽长的进化的阶段上爬，爬上十个阶段的人，看看后面只爬一二级的，自然觉得爬得高了，后面爬一二级的，看看前面爬十级的，自然也觉得他高，但是和"无尽长"的一比，便都要"索然"了；我以为我们若将崇拜心揣牢，便见不到这境界，不但害了自己，也累了那爬到第十级的苦人儿，生生地做成个偶像。

所以我说：我们要晓得自己爬到哪级，就是学问到什么分寸，也要晓得大家都是朝无尽长的阶段爬；我们千万不可自傲，不可看人不起，却也不可崇拜什么人；立在那无尽长阶段的第一级的人，看着立在第十级的，只有佩服罢了，而且佩服的不一定是全体，一句话也好。

照这样说来，那极力鼓扬侵人的暴强的主者道德（Master Moral）的尼采，也不该不佩服了；因为他提倡主者道德虽然是错的，但他从生物学上证明现在社会的道德信条本来不过是利用他的一种人弄成的，不是绝对的真理，那倒是我们推翻旧道德，估定新价值的极妙利器了。所以这一句话，我们可以佩服的（关于主者道德之说，请看尼采的 Beyond Good and Evil 及 Geology of Morals

两书①，我在商务印书馆《学生杂志》今年二号上登的尼采的学说
[二]一篇中，亦有说及）。

　　总而言之，我们现在，首先欲把脑子里旧字典上的名词除掉几个，
崇拜也是其中之一；而且崇拜两字的坏处，人家倒不大明白，还当
是好的，犹之乎爱国两字一样，又犹之乎男女交际中的爱情一样！
我们爱的是人类全体，有什么国，国是拦阻我们人类相爱的！我们
凡是生物，除了作恶为害的，都互相有爱情，为什么只有男女，有
了男女的爱情当作神圣品，岂不是把人类的大爱缩小吗？此话甚长，
现在姑且缩住不讲。

　　我上面的许多话本是多说的，却见现在的青年，渐渐要发挥
盲从的手段，而且也硬请人做偶像，崇拜了，所以小子要多嘴说
几声，但是终究是废话！糟蹋了《学灯》栏好好的纸张，我是要
忏悔的呀。

　　　　　　　　　　　　（原载 1920 年 1 月 25 日《时事新报·学灯》）

---

① "请看尼采的……"一句：Beyond Good and Evil，今多译为《超善恶》；Geology of Morals
应为 On the Genealogy of Morals，今多译为《论道德的谱系》。

谨严第一

艺术巨匠的天赋，固非人人所能有，然而艺术巨匠的谨严，却是人人应当效法；狮子搏兔亦用全力，——这一句成语，最足以说明艺术巨匠们之无往而不谨严，丝毫不肯随便。

"学习鲁迅"，首先而且必要的，是学习他的谨严。从心细如发，产生笔大如椽，这是鲁迅先生每一篇文章的"创作过程"。

从文句上去学习他的谨严，尚可能；然而所得仅属皮毛。即使能有其犀利，必不能有其深湛。即或深湛近似矣，亦必不能有其隽永。为什么呢？因为他的犀利深湛隽永是对事对物观察得极透彻，剖解得极精微的结果；他无论什么不肯轻轻放过。

为了一种植物的译名，鲁迅先生肯费几天的工夫去查许多的书；要查的一本书手头没有，近处也借不到，他就写信给远地的朋友请他代查。他是这么"认真"！

有一位年青木刻家把人物的手刻反了，另一位画家（也许是木刻家）把浴在河里的牛弄成了黄牛；都是鲁迅先生给指了出来。无论对什么，他都"细心"！

认真与细心见于艺术形象的，是犀利，猛鸷，深湛，隽永。见于思想行事的，是疾恶如仇，是"一口咬住了不放"的韧性，是深入敌垒再杀出来的无畏的精神，是"打巴儿狗"的那种彻底，是教育青年从不倦怠那种热心。

治学，创作，治事，私生活，——鲁迅先生给我们取法的，首先是"谨严"二字。这是人人应当学习而且能够学习的，只要他发心去学习。革命家、战士的德行，无非是认真而又细心。艺术家的德行，也无非是认真而又细心。才能的大小，固由天赋，然而从认真与细心，也可以造就一个人的才能。

"学习鲁迅"这句话如果实践起来，首先而且必要的，是在治学，治事，私生活，——各方面，都认真而细心！这两句话，似乎平凡得很，然而要能严格能彻底，却需要不断地惕厉与反省。

（原载 1938 年 10 月 16 日《文艺阵地》第 2 卷第 1 期）

时间，换取了什么？

是在船上或车上，都不关重要；反正是那一类的设备既颇简陋，乘客又极拥挤，安全也未必有保障的交通工具，你越心急，它越放赖，进一步，退两步，叫你闷得不知怎样才好，正是：长途漫漫不晓得何年何月才到得了目的地。

在这样的交通工具上，人们的嘴巴会不大安分的。三三两两，连市面上现今通行的法币究竟有多少版本，都成为"摆龙门阵"的资源。

有这么两个衣冠楚楚的人却争辩着一个可笑的问题：时间。

一位说他并不觉得已经过了七个年头了。

"对！"另一位顺着他的口气接着说，"日子过得真快，不知不觉早已满了七年。"

那一位摇着头立刻分辩道："不然！不知不觉只是不知不觉罢了，七年到底是七年；然而我要说的是，这七个年头在我辈等于没有。你觉得我这话奇怪吗？别忙，听我说。你当是一个梦也可以，不过无奈何这是事实。想来你也曾听得说过：在敌人的炮火下边，老板职员工人一齐动手，乒乒乓乓拆卸笨重的机器，流弹飞来，前面一个仆倒了，后面补上去照旧干，冷冰冰的机器上浸透了我们的滚热的血汗。机器上了船了，路远迢迢，那危险，那辛苦，都不用说，不过我们心里是快活的。那时候，一天天朝西走，理想就一天天近了，那时候，一天，一小时，一分钟，确实有价值。机器再装起来，又开动了，可是原料、技工、零件，一切问题又都来了，不过我们还是满身有劲，心里是快乐的。我们流的汗恐怕不会比机器本身轻些，然而这汗有代价：机器生产了，出货了。……然而现在，想来你也知道，机器又只好闲起来，不但闲起来，拆掉了当废铁卖的也有呢！"

他抹了一把额头的汗水，望着他的同伴苦笑，然后又说："你瞧，这不是一个圈子又兜到原来的地点？你想想，这不是白辛苦了一场？你说七个年头过去了，可是这七年工夫在我们不是等于没有吗？这七年工夫是白过的！白过了七年！要是你认真想起到底过了七年了，那可痛心得很，为什么七年之中我们一点进步也没有？"

"哎，好比一场大梦！"那同伴很表同情似的说。

但是回答却更沉痛些："无奈这不是梦呀！要是七年前的今天我做了这样一个梦，醒来后我一定付之一笑，依然精神百倍，计划怎样拆，怎么搬，怎样再建，无奈这不是梦，这是事实，我们的确满了七年，只是这七年是白过的，没有价值！"

那同伴看见对方的牢骚越来越多，便打算转换话题，不料旁边一人却忽然插嘴道：

"白过倒也不算白过。教训是受到了，而且变化也不少呵！时间是荒废得可惜，七年工夫还没上轨道，但是倒也不能算作一个圈子兜回原来的地点，从整个中国看来，变化也不小呢！"

"变化？"那同伴睁眼朝这第三人看了一下，"哦，变化是有的。"他忽然讽刺似的冷笑一下，"对呀，变出了若干暴发户，发国难财的英雄好汉！上月的物价，和前月不同，和本月也不同，这一点上，确是一天有一天的价值，时间的分量大多数人都觉得到的。"于是他忽然想起来了似的转脸安慰他的朋友道："老兄不过是白白过了七年，总还算是无所损益。像兄弟呢，一年一年在降格。我们当个不大不小地主的，真是打肿了脸充胖子罢哩！老兄想来也是明白的。"

"怎么我好算是无所损益呢？……"

"当然不能，"那第三人又插进来说，"在这时代，站在原地位不动是办不到的，中国是世界的一部分，而且还在抗战。"

一听这话，那两位互相对看了一眼，同时喊了一声"哦"；而且那位自称是"一年一年在降格"的朋友立刻又欣然说道："所以我始终是乐观派，所以要说，这七年工夫是挨得有代价的；你瞧，我们挨成了四强之一，而且英美在步步胜利，第二战场也开辟了，不消半年，希特勒打垮，掉转身来收拾东洋小鬼，真正易如反掌，我们等着最后胜利吧！"

他的同伴也色然而喜了，然而还是不大鼓舞得起来，他慢吞吞自言自语道："胜利是没有问题的，不过我的厂呢？我们的工业呢？"

"等着？"那第三人也笑了笑说，"我们个人尽管各自爱等着就等着吧，爱怎么等就怎么等下去，有人等着重温旧梦，有人等着天上掉下繁荣来，各人都把他的等着放在没有问题的最后胜利等到了以后。不过，一方面呢，世界不等我们，而另一方面呢，中国本身也不能等着那些一心只想等到了没有问题的最后胜利到手以后便要如何如何的人们。更不用说，敌人也不肯等着我们的等着的！七年是等着过去了，也许有些人欣欣然自庆他终于等着了他所希望的，然而……"

"然而我并没有等着呀！"是懊恼而不平的声音，"我说过，我流的汗有几千斤重呢，可是我得到了什么呢？于人无补，于己也无利！"

"你老兄是吃了那一心以等着为得计的人们的亏！"那第三人回答，"不过中国幸而也有不那么等着人的，所以七年工夫不是白过，中国地面上是发生着变化了，打开地图一看就可以看见的。"

话的线索暂时中断。过了一会儿，那最初说话的人又回到那"时间"问题，发怒似的说道："不论如何，白过了七年工夫总是一个事实。我们从今天起，不能再让有一天白白过去，如果再敷敷衍衍，不洗心革面，真是不堪设想的。然而那七个年头还是白费的！"

"要是能够这样，那么，七年时间虽然可惜，也还算不是白过的！否则，那就是真真地白过了，倘有上帝的话，上帝也不会同情，更不用说历史的法则铁面无情。"

时间，换取了什么？今天我们必须认真问，认真想一想了。

（原载 1944 年 7 月 8 日《新华日报》）

谈排队静候之类

等候公共汽车，应当排队。自从"有碍观瞻"的木栅拆去以后，候车者的长蛇阵居然排得崭齐。当然也还有"弁髦法令"之辈使得群氓侧目，但此辈既非老百姓，自应例外，老百姓确是兢兢业业守法奉纪的。

排队静候的习惯确是这几年来养成功了。现在是买米，买盐，买电影票，戏票，轮渡售票处，差不多只要十人以上就会"单行成列"起来。如果有人问我：七年来老百姓得到些什么？我会毫不迟疑地答道：排队静候就是一件。将来有谁要写一本例如"抗战期中我民族之进步"一类的书，我以为这一项是不应当遗漏的，因为，从这一项上，也可以证明老百姓程度之如何不够，连这一点点守秩序的 ABC 也得训之又训而始能，由此可知今日备受盟友指摘的行政效率之低，以及其他种种的不上轨道，理合见怪不怪，而这个责任当然相应由老百姓自己去负了。

而况臭虫外国也有。

不过，要是公共汽车数量充足，要是坐在小洞后边的售票员眼明手快些，要是……凡须排队静候的场合都添些合理性和计划性，那自然更好，至少"静候"的功夫会减少些——虽然这在训练老百姓之耐性这一点上也许是得不偿失的。

时间的意义，在排队静候的当儿，好像看不出它的重要性来。譬如候车，要是你能断定每隔半小时或数十分钟准有一辆车开到，那你的"静候"便不会没有时间的意义；又譬如排队买油盐之类，要是你能预先见到"静候"的结果是"今日货已卖完"，那你大概也要算一算你的时间究竟有没有更好的方法去浪费掉，然而不幸是两例之中包含的未知数太多了，叫你简直不敢再作"时间"换得XYZ的奢望，只是当作在受排队训练罢了。但这，实在也只是小市民知识分子如笔者之流的想法。老百姓——"老百姓"的心情不能那样悠闲。我曾经在某一清晨，经过某街，看见什么店外的长蛇之阵已经有半里远，旁人告诉我：此辈排队静候者在天未破晓时就已经来了。他们已经等候了四五个小时，然而那什么店的排门依然紧闭，因为，还没到办公时间！

这里我们又碰到了"时间"这两个字了。同是这两个字，在门内的办公者的字典上，自然是和门外的长蛇之阵的静候者的字典上，各有各的意义的。在门内的字典上，"时间"这两字神圣得很，差一秒钟，大门是不开的；在门外那一群的字典上，"时间"比脚底下的泥还不如，所以天未破晓就来了。大人先生们闻（不是看见）有此等情形，怫然作色曰："真是胡闹，不成话！一点时间观念都没有。唉，这样的老百姓，这样的落后！太不够程度了，所以公家办事困难！"

落后，不够程度：摸黑起早在什么店外排队的老百姓诚惶诚恐不敢——也不知如何自辩。但是尽管落后，老百姓们却懂得比大人先生更明白：要是不会静候半天所得的结果是"今日货已售完"，他们也未必那么高兴赶早的。而且，即使摸黑起早，等候五六小时之后"门"开了，但是：里把长的队伍尚未过半，而"今天货完"的牌子又挂了出来，老百姓们明天还是要摸黑起早来等候。老百姓的"落后性"就有这样顽强的。这中间的道理，大人先生们不愿亦不屑想一想，他们大概只淡淡一笑道："他们的时间不值钱！"

诸如此类，"时间"在各色不同人们的字典上有其不同的"意义"与"价值"。

如果要找一个大家字典上意义与价值相同的"时间"，我以为这几年来我们是用血的代价找得了一个了：这便是"空间换取时间"一语中的"时间"。虽然在极少数人的字典上，甚至连这一个"时间"也另有新解的。至于最近这"时间"竟也像摸黑起早者被嗤为不值钱，或是会不会弄到那些摸黑起早者的下场，那就请读者们去想一想吧，事有不忍言者，亦有未许详言者！呜呼，时间！

1944 年 7 月 19 日。敌犯怀远

（原载 1945 年 2 月《抗战文艺》第 10 卷第 1 期）

闻笑有感

　　笑是喜悦的表示，动物之中，大概只有人类有这本领吧。猴子也能作笑的姿态，但亦不过是姿态而已，看了不会引起快感，或且以为丑。至于微笑，冷笑，苦笑等等，复杂的不尽是表示喜悦而别有滋味的各式之笑，那更是人类所独特擅长。

　　简直可以说，愈是思想情绪复杂且多矛盾而变态的人，笑之内容也愈为复杂而多变态；原始意味的笑——即天真的笑，差不多很难在这样人们的脸上找到了，通常我们见到的，倘不是虚伪的笑便是恶意的笑，这又是人类比猴子高明的地方，猴子大概做不出虚伪的笑，并且大概也没有恶意的笑。

　　但是也还有若干种类的笑，其动机似可索解却又未必竟能索解。譬如青年的疯女人，一丝不挂出现于大街，此时围观者如堵，笑声即错杂起落，如果再有一个无赖之徒对疯妇作猥亵之动作，旁观者就一定会哄然大笑。这样的笑，当然并不虚伪，确是"真情之流露"，远远听去，你会猜想这所笑者一定是一件可喜的事；那么，这是恶意地笑了，可又不尽然，当然说不上含有善意，但围而观者之群其中百分之九十九与此疯妇确无丝毫的仇恨，既无仇恨，则看见她在那样悲惨的境地而犹受无赖子的欺侮，纵使不生同情亦何必投之以恶意的笑呢？然则是缺乏同情心的缘故吗？在此一场合，围观者同情心之薄弱，即就"围观"一举已可概见，自不待论；但是同情心之缺乏并不一定造成那样纵声狂笑的结果。假如有一位绅士在场，恐怕他是不笑的，虽然这位绅士跟围观之群比较起来，心地要肮脏得多，白天黑夜，他时时存着损人利己之心，而围观之群却确是善良（虽则赶不上那位绅士的聪明）的人们。

这样看来，恐怕只能把这种变态的笑解释为并无意义的动作，这恐怕是神经受了不寻常的一刺骤然紧张而起的一种反应，这中间并无恶意，当然也未必带有幸灾乐祸的成分。但"一半是神，一半是兽"的万物之灵，在这当儿，却突然褪落了"神"的光圈，而呈现了赤裸裸的"兽"的本色，大概也是不能讳言的事吧？

在街头遇到了这种的笑，并不比在雅致的客厅中遇到了虚伪的笑，更为舒服些，不过那不舒服的滋味应当是不相同吧？前者是悲哀而后者是憎恶。在前者，我们感到文化教育力之不足，在后者，我们看见了相反的作用——"人"非但未能净化，反倒被"教养"得更卑鄙龌龊了！我不得不承认：那种无意义的原始性的傻笑，虽使我听了战栗，可是比起客厅中高贵人们的虚伪的——可又十分有礼貌的笑，至少是"天真"些吧？

不过在大街上那样笑的机会究竟不多，常见者乃在室内。在文雅的背景前，有"教养"的嘴巴绘声绘色地在叙述一些惨厉的故事的时候，听到了那样野性的放纵的笑声，其使人毛骨悚然，当亦不下于在大街。这时的笑，当然绝无虚伪，可也不见得如何"天真"，这里可以嗅出自私的气味，讲述者和听而笑者似乎都把这当作一种娱乐，一种享受，他们似乎习惯了要把血腥的人类灵魂被践踏的故事当作饱食以后的消化剂，把别人的痛苦当作自己开心的资料。这原来不是没有"教养"的人所知道的。

人们说近来有些话剧，颇重"噱头"，于是慨叹于"低级趣味"之盛行，但是，见"噱头"而笑，即使是"低级趣味"吧，亦不过趣味低级而已；事有甚于此者，即并非"噱头"而且简直是不应当笑的地方，也往往听到喷发的笑声，叫人突然觉得这就是疯女人出现在大街上所引起的同样的声音。有一次我看电影，就在我近旁发出了这样变态的笑声；后来我留心看那几位"可敬的人们"，确也是衣冠楚楚，仪表堂堂，标明是有"教养"的——即不是粗人，换一句话，就是那些看腻了"噱头"转而要从血腥和眼泪中寻取笑料的人！

人的感情有能变态到这样的地步的，这是人的堕落呢或是"进化"，自不待论；不过再一想，在众人的骸骨堆上建筑起一人的尊严富贵的，今世实在太多了，那么，仅仅在话剧或电影上找寻这样发泄的家伙，实在也不足责了。

剩下来的一个问题是：到了还没看腻"噱头"的小市民群的钱袋也不大宽裕而不得不依靠那些连"噱头"都已看腻转而要从血腥与眼泪——别人的痛苦中找寻娱乐的人们作为基本观众时，我们的戏剧将怎样办呢？

也许就是杞忧，现在这大时代有的是能使人痛快地一哭因而也就能健康地一笑的题材。但是看到那依然如故的"尺度"，我不能不担心我这个忧虑迟早要成为问题了。

1944 年 10 月

（原载 1944 年 12 月 20 日《青年文艺》新 1 卷第 5 号）

作家和批评家

我们这里有一卷"卡通"，题目是"作家和批评家"。

这是在狭窄的高低不平的路上，这是在月儿已坠星儿已隐天亮前最黑暗的时光，这是牛鬼蛇神诗张为幻的最后一刹那。时代的巨轮飞快地向前进，进，人家一世纪的行程，在我们是要十年八年（或者还不到）就得赶上。我们这"卡通"的人物在此地此时登场。

作者之群和批评家之群中间有点小小口角！

作家们抱怨批评家们"不负责任"，只会唱高调，可是总说不出个所以然来叫作家佩服。作家方面有一个声音——这是唯一听得见的声音，这样愤愤然说：

"我们都是朝前走，朝光明走的人呀！可是你们只说我们落伍，却从没教给我们赶快跑上去，或者怎样跑的方法！老实说，你们这态度欠坦白！"

"从没教给吗？没有的事！你自己畏首畏尾不肯下决心罢了。"

批评家也是同样地抱怨着。

"然而你说的路，我们看来走不通；你说的走路、赶路的方法，我们没有法子学，学了要跌跤！"

"要是你不存主观地看一看，就知道路是原来通的；要是你学着我们说的步法试走一下，就知道原来不会跌交！"

"那么，不能单怪我们主观，不能单怪我们不学步法，实在是你们说得不明不白，——你们从没很具体地说出个所以然来呀！"

"既然说明了还是一条路上走，那就好办了！我们来平心静气地讨论一下吧。"

朋友，恕我不能把那些字幕都抄出来了。总之，互相抱怨是无聊的，要互相帮助。但是（这个"但是"合于辩证法否，将来我们知道），因为作家大都是感情的，所以当一位批评家举出例来具体地批评时，作家又有点不愿意了。为的捏住了鼻子灌药，总也有点不舒服；被灌者即使知道明明是好药，总也不肯承认自己先有了毛病。

再来一点废话——

东家的李四阿爹说：做批评家，是蛮惬意的；人家辛辛苦苦写成了作品，他舒舒服服地读，读过了说短论长，就是指导，——这还不惬意吗？

西家的张三先生另是一种话：批评家应该在前引路，不在前引而在后面鞭策，那就不好；且不说那是太不客气，是消极的办法，假使那鞭子下去的方向稍稍错了一点，作家一窜就上了岔路，那岂不是糟糕？

批评家听了只好苦笑。当然他不是"圣人"，哪能没有点点儿错！

所以，朋友，眼前实在难乎其为批评家。有人冤他蛮惬意，有人责备他不应该也有时说错；抱怨他说话不具体，又嗔怪他说得太有着落；要他指引路径，又嫌他引人往岔路上跑；有时怪他营养不足，有时又要他代作家想出题材来了。

这，仿佛是说："既然你会指摘这不是，那又不对，就请你自己来动手吧！"

厨子要请吃客自己来做菜了！虽然批评家确不是吃客，真正的吃客是读者。

其实厨子应该引以为忧的，是做出菜来没有人领教而不是有人品评好坏。现在许多厨子望着人家开出来的菜单发怔，颠倒要请开单人自己动手，实在也难乎其为厨子了！

文艺上的菜单应该有哪些品色，——即所谓理想中的全席，好像大家也没说过不对；所以菜单早已定了，只待厨子们用心去做，不过厨子们单是用心也不够，还得配足原料。没有充足的原料，单用油盐酱，是一定不行的吧？批评家们只能指示原料的出产地，找当然还要厨子自己去找。

厨子因为在油锅边站得久了熏得够了，所以自家做出来的菜，究竟太甜呢或者太酸，未必能够清清楚楚辨味道。在这里，就不能不说那些在客厅拿着筷子等吃的人们的舌头比较灵些了。所以真正要菜好，还得厨子和吃客通力合作。

（原载 1933 年 5 月 15 日《申报月刊》第 2 卷第 5 期）

升学与就业

暑假到了，又有几万个青年人从中学校里毕业出来，在"升学"呢，或"就业"呢，这两岔路口徘徊了。

有钱有势人家的子弟，自然无所用其"徘徊"。挟了饱满的钱袋——虽然不饱满的是他的书包，他照样可以"升学"，反正学校就好比"游戏场"，混上三年五载，出来时便是"学士""硕士"，就有钻谋差使的资格。说不定他的父母早已给他准备好什么拿钱不办事的好位置了。

很为难的是中等人家出身的中学生。翻开报纸一看，满眼是中等以上学校招生的广告，但是满报纸的夹缝里却又影影绰绰刊满了九个大字：知识分子失业的恐慌。而这些知识分子又多半是曾经"升学"过来的呀！

有些贤明的父母把很大的希望放在儿女身上，觉得中学毕业生简直是"郎勿郎，秀勿秀"①，于是多方省俭，甚至借贷，使儿女"升学"。他们自然以为将来方帽子一上头，职业就有把握了。然而这样的希望毕竟比"航空奖券"的头彩有多少把握，那也只有天晓得罢哩！

照普通的情形说，中等人家的子弟在中学毕业后，对于"升学"

---

① "郎勿郎，秀勿秀"：俗谚。既不是平民百姓，也不是名门显贵。

与"就业"的一问题往往走了这样的"连环套"：

中学毕业了，因为无业可就，姑且"升学吧"；所以今日之"升学"即为他日之"就业"着想；然而今日拿出钱去"升学"，或可易如反掌，他日要"就业"而拿进钱来，竟至难如上天了，于是大学毕了业以后就真真成为无业，或者甚至于长期失业了。

依这情形，所谓"升学"也者，实在也就是"就业"的意味。大抵十个中学生内至少有九个的"升学"是含了这样的"就业"意味的。因而一般中学生的"升学"或"就业"的问题只是一个问题：谋生！

然而青年人的知识欲是强烈的，幻想是丰富的，所以问题的核心即使只是个"生计问题"，而问题的外层却很复杂，——强烈的知识欲和美满的幻想，一层一层交错包围着；而于是乎青年人在中学毕业后往往是非常烦恼地面对着这"升学"或"就业"问题了。

大而言之，这是一个严重的社会问题。在现在社会一切不合理的状态尚未纠正以前，这个问题是无法解决的。但是有志气有魄力的青年也犯不着为这问题哭丧着脸终天发闷。我们敢为可爱的青年进一步了解，我们应拿高尔基的青年时代的经验来看一看吧。

高尔基是连中学都没有进过的，他自修到了中学的程度，十五岁那年，他忽然想到加桑①去进大学。但要进学校，第一要紧的还是钱。高尔基没有钱，大学进不成，就流落在加桑；他做码头上的小工，他又做过小小的面包店里的学徒。……这些，都是"业"，不是"学"，然而后来高尔基自己说："这，我就是

————————
① 加桑：通译喀山。

进了大学校了！"

学问并不一定要在学校中才有，才能学到。高尔基就是一个例。不过千万不要误会，光在码头上面包店里混，就会学问长进。高尔基那时也靠了自修。他一方面谋生，一方面还是"手不释卷"地自修。

并且千万不要误会，我们引高尔基的故事是在暗示中学生诸君都去做"文豪"。这里，不过举一个例；因为高尔基是想进大学的，但结果是做工，而且他自己后来又说："这，我就是进了大学校了。"——这句话，刚好对于"升学"或"就业"这问题给了个很"幽默"的解答。实际上，中外古今有不少伟大的事业家都不是"学校""科班"出身，甚至科学家也有从没进过什么理工科大学的！

何必哭丧着脸呢？"升学"或"就业"这问题犯不着叫你烦恼！进了职业界，同样也还可以自修，只要自己意志坚强。可是还有一句话：假使有一位中学毕业生决心要"就业"了，而又脱不下自己的竹布长衫（假定他找不到穿长衫的职业），于是失业，于是怨天尤人，于是垂头丧气，那么，自然又当别论，而我们上面的那些话他也一定听不进耳朵。对于这样的青年，我们只能引用一句俗语："做过三年当铺朝奉，出来卖油条都不行呀！"

我们以为有骨气的青年人决不会做了几年中学生就弄成了一个"公子哥儿"。在必要的时候，他那件竹布长衫可以脱掉，而且脱掉了竹布长衫后，他依然不忘记自修。在这样的青年人，"升学"或"就业"，都不成问题了！

（原载 1934 年 6 月 1 日《中学生》第 46 期）

大题小解

从《京本通俗小说》而《水浒传》《三国演义》《红楼梦》《西游记》《儒林外史》，清末之谴责小说（用鲁迅先生的题名），以至"五四"以后的新文学作品，我们看见一幅洋洋大观的"百面图"。我们大略地来数一数，觉得"百面"中间，写得最多，而且也穷尽形象的，还是穷秀才，潦倒名士，——在今天就是流浪的知识分子，或者是虽不流浪却在饥饿线上挣扎的知识分子，换言之，作者最多写的，还是他自己一阶层的人。

《水浒》和《三国演义》因其非出于一时一人之手，故当别论。其他庸俗的演义，多未达艺术制作的水准，则又不足论。除此二者，凡个人著作，其"人物的画廊"虽然公侯将相，市侩倡优，九流三教，济济楚楚，而其实，倘有"典型人物"，总还是属于作者自己一阶层的为多。旧小说中农民典型之贫乏（《水浒》是例外），是一件颇堪玩味的事。而且除了《红楼梦》，写女性亦鲜有极佳者，《金瓶梅》所写，多属变态的女性，自当别论。倒是清末的狭邪小说，有些好的女性描写，但此种"生意上人"，当然又是特殊的女性。旧小说中极少很好的普通女性的描写，这又是一件颇堪玩味的事。

在这些地方，新文学作品就比旧小说强些。不说技巧，单看"人物的画廊"，则新文学作品中就丰富得多，也复杂得多。农民画像中，首先就有个不朽的阿Q。至于女性，则自老祖母以至小孙女，自"三从四德"的"奴隶"以至"叛逆的女性"，可谓应有尽有，实在替数百年来甚至在文学作品亦处于不平等地位的中国女性，大大吐一口气。

但是新文学作品的"人物表"上，却也遗漏了一个重要的阶层：这便是手工业工人！我们日常谈话中，常常听到"手工业式"这一个批语，但我们的新文学作品中却还没有写到手工业工人！

手工业工人与农民不同。两者的思想意识大有区分。

事实上，手工业者的"行会思想"在知识分子群中，几乎随时可以发现。只顾狭小的自己范围内的利益，排拒异己（其反面如同乡同学或同什么的，则格外亲密些），缺乏互助心，只以"自了"为满足，挖别人墙脚，——诸如此类的"本位主义"，不是知识分子常常蹈袭的吗？倒是所谓"农民意识"者，知识分子中比较鲜见，举一例，"平均主义"就不大普遍，岂但不普遍，宁是反对。知识分子具有此等来自手工业者的"行会思想"，却又不自觉，往往不能以之和农民意识分别，而在描写农民时给加上去，但真正手工业者群，反而不见于他们的笔下。

就是写农民吧，往往虽能大体上不背于农民意识，而情感方面又露出知识分子的面目。农民意识中最显著的几点，例如，眼光如豆，只顾近利，吝啬，决不肯无端给人东西，强烈的私有欲，极端崇拜首领，凡此种种，也还少见深刻的描写。大凡"农村出身"的知识分子，往往因其"熟悉"农民生活，不自觉地忽略了深一层去观察的工夫，便容易有此过失。可是"农村出身"的知识分子，属于自耕农家庭者，怕也就很少了，大部分还不是来自富农家庭或小地主家庭？这一层"身份"的关系，如果不是有意地跳开，便会限制了他的了解的深度的。

我提议我们的理论家和批评家做一件烦琐的工作：把新文学中几部优秀作品的各色"人物"，各以类聚，先列一个表，然后再比较研究同属一社会阶层的那些"人物"在不同作家的笔下，有什么不同的"面目"；于是指出何者为恰如其分，铢两相称，何者被强调了非特殊点而忽略了特殊点，何者甚至被拉扯成为"四不像"。这工作是太琐细了一点，也许是高谈理论者所不屑一顾，但要使我们的理论与批评不悬空，要使作者真有点受用，那倒确有一试的价值。如果做成了，实在是功德无量。

我们有一个已非一日的毛病：因为要高视远瞩，不屑"躬亲琐事"，结果落得空空洞洞，作为文章来读，未始不高超而汪洋，但于有关方面（作家和一般读者），则没有什么受用。这为的是爱说原则的话，规律和法则满纸，似已成为风气。原则当然需要，规律和法则谁敢说无用，可是我们的新文学还在幼年时代，抽象的话太多了，不受用。倘从具体说，举些实例来分析解剖判断，愈琐细则愈切实，那时再读原则的话，就不患不能消化了。如果能这样办，至少可以补救最近二三年来一个缺点：这就是问题提出来不少，原则上也都解决了，但事实上则原则的解决之后，便无影无踪，看不见在创作实践上的反应。

1941 年 6 月 7 日

（原载 1941 年 7 月 1 日《时代文学》第 1 卷第 2 号）

一点回忆和感想

二十多年前一个年轻人因为人家说他"不觉悟",气得三天没有吃饭。"不觉悟"算是最不名誉的一件事,每一个有志气的青年交朋友,谈恋爱,都要先看对方是不是觉悟了的。趣味相投的年轻人见面谈不到三句话就要考问彼此的"人生观";他们很干脆地看不起那些自认还"没有人生观"的人,虽然对于"人生观"这东西他们自己也还说不出个所以然来。

这在当时是一种风气;在当时,也就有些大人先生们看着不顺眼,斥之为"浅薄",在今天看来,也觉得不免"幼稚",然而,何尝不是幼稚得可爱?罗丹的有名的雕像叫作"铜器时代",我们那时的青年就好比是"铜器时代";这是从长夜漫漫中骤然睁开眼来,闻所未闻,见所未见,惊异而狂喜,陡然认识了自身的价值,了解了自身的使命,焦灼地寻求侣伴,勇敢地跨出第一步,这样的义无反顾,一往直前的精神状态,这正是古代哲人所咏叹的"朝闻道,夕死可矣"的精神,难道还不够伟大!

在那时,"觉悟"与"不觉悟"的,如同黑白一样分明。鄙夷权势,敝屣尊荣,不屑安闲,对于那些抱着臭老鼠而沾沾自满的家伙只觉得可怜,掉臂游行于稠人广众之中,旁若无人地发议论,白眼看天,意若曰："你们这一套值得什么，我有我的人生观！"这是"觉悟者"的风格。诚然这不免是"幼稚"吧？然而何等可爱！事实上也正是这些"幼稚"的人们，冲锋陷阵，百炼成钢，在近二十年的中国历史上写下了光焰万丈的诗篇！

在那时，也有这样的青年：

听他的议论，头头是道，看他的行事，世故深通，一则曰："这是应付环境"，再则曰："为了生活，不得不然"，真人面前说假话，放一个屁也要"解释"出一番道理来。你说他是"罗亭"吗？他没有罗亭那样热情坦白；说他是"阿Q"吗？他比阿Q多些洋气，多会一套八股，多懂若干公式。而尤其不凡的，他会批评二十多年前的年轻人：幼稚！当然，他是老练的；可是也老练得太可怕了！

在那时，明明是"少爷出身"的人，总想人家不当他是"少爷"，忘记了他是"少爷"，总想从自己身上抹去这"少爷"的痕迹。在今天，有些明明不是"少爷"或者当不成"少爷"了的，却总想给人家一个印象，他是世家子弟，他是百分之百的"少爷"，好像他那一套漂亮的前进辞令唯有在"本来是少爷"的背景之前才更漂亮似的。

二十多年前的少女视涂朱抹粉为污辱，视华衣盛饰为桎梏；二十多年后，少女成为中年妇人了，可又视昔之以为"污辱"及"桎梏"者为美，为"场面"，而且说起从前那样厌恶那些"污辱"和"桎梏"，总带点忸怩，总自谦为"幼稚"，若不胜其遗憾。而且还有理由："你看苏联女人也都浓妆艳抹！"五年计划以苏联女人的妆饰如何，当然不谈。《官场现形记》描写一位"提倡俭朴"

的巡抚大人，属员们穿了整齐些的衣服来见他便要挨骂，结果是省城里旧衣铺的破烂官服价钱比新的还贵。二十多年前屏华饰而不御的那些女青年当然和这位巡抚大人在动机上大有差异，至多只能说那是"幼稚"，然而这样的"幼稚"在今天的女青年群中可惜太少见了。

我想起这一切，真有点惘然。我并不愿意无条件拥护二十多年前那种"幼稚"，然而我又觉得，和那时的"幼稚"一同来的坦白，天真，朴素，勇敢，正是今天若干极想"避免幼稚"的年轻人所缺乏的。不怕幼稚，所可怕者，倒是这一点欠缺！

1945年"五四"前三日

（原载1945年5月4日重庆《大公报》）

纠正一种风气

三年前我们在重庆打算编一种丛书，专印不知名的青年作家的作品；我们和几个出版家接洽，他们都顾虑到销路，不愿意接受。可是我们也不甘就此罢休，索性把计划更进一步，专印"处女作"，试试广大的读者群是不是像一般书店老板所估计，买书是看作者姓名的。后来居然有人愿意出资来试验一下了，可是却又要求每书要有一二篇介绍（序或读后记），理由还是为了推销上方便些。

不但出书，就是出一种定期刊吧，出版家也一定希望编辑人能够"拉"到若干知名作家的稿子，"以资号召"。

这种"风气"，由来已久，我们戏称之为"明星主义"。我们认为这是不应该有的现象。我们认为这种"风气"，对于青年作家或无名作家是十分不利的。我们曾经和一些思想进步的出版家讨论过，如何挽救这不合理的风气。在讨论中，我们得到了下列的几点认识。

出版家印一本书，总须通过贩卖商，这才能够到达广大读者群的面前，而贩卖商批书的标准据说不外乎：一，看同类的书销路如何；二，看作者是不是知名的。而贩卖商的这两个标准又是根据了他们的经验而来的。比方说，某一类的书好销，贩卖商就愿意多批这一类。有一时，巴尔扎克很吃香，贩卖商看见巴尔扎克的译本就很欢迎；如果不是巴尔扎克而是别的外国的大作家，即使那译本实在很好，也很难说服贩卖商使他们多批。对于本国的作家亦是如此，贩卖商根据他们的经验有他们的取舍，不知名作家的书就难以得到他们的"选择"；即使你郑重推荐，他们也不大肯"冒险"试批几本去；即使批了去，他们也不大肯放在很显著的地位让顾客们一眼就看到。

所以，"明星主义"的造成，贩卖商也有份的。

书出版后当然有广告。按理说来，广告是读者借以求书的线索。但是，事实上广告总多说好话，甚至有吹得太过分的，这就使大部分读者不敢太相信广告。中国又没有权威的书评刊物，读者想在广告之外求得可以信任的介绍也颇不易，于是结果也只得根据经验来选择了；加以书价太高，读者购买力低，自然而然对于陌生面孔作者的作品不敢轻于试购了。而读者的这一种"习惯"，反过来也会对贩卖商起影响，形成了贩卖的"经验"，产生了贩卖商的批书标准。

一般说来，在中国，青年作家或无名作家的作品在定期刊上发表的机会，还算是多的。因为定期刊的编辑人虽然为了老板的要求不得不"拉"知名作家的稿子，但亦可以全权发表青年作家或无名作家的稿子，不比出一本书，全权是操在老板手里。如果和美国比较，那么中国的出版界可以说是"生意经"还算少的。美国一位青年作家（或无名作家）想要在定期刊上投稿，几乎照例没有发表的希望，除非有人为他特别推荐。至于出单行本，那希望就少到没有，——可以说想也不用想。但是中国的出版家倒还不至于"认真"

到这样程度，青年作家和无名作家的作品还不是绝对没有出版的希望。我觉得这是我们的出版家比美国进步的地方。盼望在这"美式"狂热汹涌可畏的时候，我们的出版界能够不为所"化"。

从上面说的看来，可知现今俨然已成风气的所谓出版界的"明星主义"，还是可以挽救的。而挽救之道，需要出版家、作家、读者三方面的合作。上文说过，出版家（除少数例外）并非绝对不肯出版无名作家的书，而是怕亏本；贩卖商也不是绝对不肯贩卖，而是怕销不掉；读者呢，更其不是绝对只崇拜名人，而是购买力弱不敢轻于尝试。如果出版家肯多冒点险，而又和作家们合作建立起一种权威的书评刊物，在读者群中打出个信用来，那么，读者的"习惯"相信可以改过来，而贩卖商也会改变他们的"批书标准"了。自然，要建立一种权威的书报评介的定期刊也不是轻而易举的，不过，如果要办，也非不可能。

再说，今天中国的定期刊"拉"知名作家"以资号召"的办法，其势也不能持久。中国的定期刊实在也不能说多（和文化进步的外国比较），无奈中国的知名作家也不多，所以拉来拉去，被拉者固然忙于应付，而读者恐怕也觉得老是几个熟面孔，感觉不到新鲜了。感觉不到新鲜，那不是和编者"拉"的本意相反了吗？

最后，也得指出，如果民主不能实现，内战不能停止，那么，出版的前途就很少希望。因为出版事业的发展和进步，必须先有言论自由、思想自由。这已是常识，不用我在这里多加说明了。

1946 年 8 月 21 日

（原载 1946 年 9 月 1 日《上海文化》第 8 期）

文学与人生

今天讲的是文学与人生。中国人向来以为文学，不是一般人所需要的。闲暇自得，风流自赏的人，才去讲文学。中国向来文学作品，诗，词，小说等都很多，不过讲文学是什么东西，文学讲的是什么问题的一类书籍却很少，讲怎样可以看文学书，怎样去批评文学等书籍也是很少。刘勰的《文心雕龙》可算是讲文学的专书了，但仔细看来，却也不是，因为他没有讲到文学是什么等等问题。他只把主观的见解替文学上各种体格下个定义。诗是什么，赋是什么，他只给了一个主观的定义，他并未分析研究作品。司空图的《诗品》也没讲"诗含的什么"这类的问题。从各方面看，文学作品很多，研究文学作品的论文却很少。因此，文学和别种方面，如哲学和语言文字学等，没有清楚的界限。谈文学的，大都在修辞方面下批评，对于思想并不注意。至于文学和别种学问的关系，更没有说起。所以要讲本题，在中国向来的书里，差不多没有材料可以参考。现在只能先讲些西洋人对于文学的议论，再来讲中国向来的文学，与人生有没有关系。

西洋研究文学者有一句最普通的标语是："文学是人生的反映（Reflection）"，人们怎样生活，社会怎样情形，文学就把那种种反映出来。譬如人生是个杯子，文学就是杯子在镜子里的影子。所以可说"文学的背景是社会的"。"背景"就是所从发的地方。譬如有一篇小说，讲一家人家先富后衰的情形，那么，我们就要问讲的是那一朝。如说是清朝乾隆的时候，那么，我们看他讲的话，究竟像乾隆时候的样子不像？要是像的，才算不错。上面的两句话，是很普通的。从这两句话上，大概可以知道文学是什么。固然，文学也有超乎人生的，也有讲理想世界的，那种文学，有的确也很好，不过都不是社会的。现在我们讲文学与人生的关系，单是说明"社会的"，还是不够，可以分下列的四项来说一说。

（一）人种。文学与人种，很有关系。人种不同，文学的情调也不同，那一种人，有那一种的文学，和他们有不同的皮肤、头发、眼睛等一样。大凡一个人种，总有他的特质，东方民族多含神秘性，因此，他们的文学也是超现实的。民族的性质，和文学也有关系。条顿人刻苦耐劳，并且有中庸的性质，他们的文学也如此，他们便是做爱情小说，说到苦痛的结果，总没有法国人那样的热烈。法国作家描写人物，写他们的感情，非常热烈。假如一个人心里烦闷，要喝些酒，在英人只稍饮一些啤酒，法人却必须饮烈性的白兰地。这英法两国人的譬喻，恰可以拿来当作比较。文学上这种不同之点是显然的。

（二）环境。我们住在这里，四面是什么。假设我们是松江人，松江的社会就是我们的环境。我有怎样的家庭，有怎样的几个朋友……都是我的环境。环境在文学上影响非常厉害。在上海的人，作品总提着上海的情形；从事革命的人，讲话总带着革命的气概；生在富贵人家的，虽热心于平民主义，有时不期然而然地有种公子气出来。一个时代有一个环境，就有那时代环境下的文学。环境本不是专限于物质的，当时的思想潮流，政治状况，风俗习惯，都是那时代的环境，著作家处处暗中受着他的环境的影响，决不能够脱离环境而独立。即使是探索宇宙之奥秘的神秘诗人，他的作品里可以和他的环境无涉——就是并不提起他的环境，但是他的作品的思想一定和他的大环境有关。即使是反乎他那时代的思潮的，仍旧是有关系因为他的"反"，是受了当时思潮的刺激，绝不是凭空跳出来的。至于正面的例子，在文学史上简直不胜枚举。例如，法国生了佐治申特等一批大文学家，他们见的是法国二次革命与复辟，所以描写的都是法国那时代环境下的人物。申特虽为了他的革命思想，逃到外国，可是他的作品，总离不掉法国那时代的色彩。举眼前的例：我们在上海，见的是电车、汽车，接触的或算大都是知识阶级，如写小说，断不能离了环境，去写山里或乡间的生活。英国诗人勃恩斯（Burns）的田园风景诗，现在人说怎样好，怎样美丽，平静；十九世纪末，作家都写都会状况，有人说他们堕落；这都是环境使然。又如十九世纪末有许多德国人，厌了城市生活，去描写田园，但是他们的望乡心，一看便知。这就是反面的例。可见环境和文学，关系非常密切，不是在某种环境之下的，必不能写出那种环境；在那种环境之下的，必不能跳出了那种环境，去描写出别种来。有人说，中国近来的小说，范围太狭，道恋爱只及于中学的男女学生，讲家庭不过是普通琐屑的事，谈人道只有黄包车夫给人打，等等。实在这不是中国人没有能力去做好些，这实在是现在的作家的环境如此，作家要写下等社会的生活，而他不过见黄包车夫给人打这类的事，他怎样能写别的？

（三）时代。这字或是译得不好。英文叫 Epoch，连时代的思潮，社会情形等都包括在内。或者说时势，比较近些。我们现在大家都知道有"时代精神"这一句话。时代精神支配着政治、哲学、文学、美术等等，犹影之与形。各时代的作家所以各有不同的面目，是时代精神的缘故；同一时代的作家所以必有共同一致的倾向，也是时代精神的缘故。自然也有例外，但大体总是如此的。我们常听人说，两汉有两汉的文风，魏晋有魏晋的文风……就是因为两汉有两汉的时代精神，魏晋有魏晋的时代精神。近代西洋的文学是写实的，就因为近代的时代精神是科学的。科学的精神重在求真，故文艺亦以求真为唯一目的。科学家的态度重客观的观察，故文学也重客观的描写。因为求真，因为重客观的描写，故眼睛里看见的是怎样一个样子，就怎样写。又因为尊重个性，所以大家觉得尽是特别或不好，不可因怕人不理会，就不说。心里怎样想，口里就怎样说。老老实实，不可欺人。这是近世时代精神表见于文艺上的例子。

（四）作家的人格（Personality）。作家的人格，也甚重要。革命的人，一定做革命的文学，爱自然的，一定把自然融化在他的文学里，俄国托尔斯泰的人格，坚强特异，也在他的文学里表现出来。大文学家的作品，哪怕受时代环境的影响，总有他的人格融化在里头。法国法朗士（Anatole France）说，"文学作品，严格地说，都是作家的自传……"就是这个意思了。

以上是西洋人的议论，中国古来虽没有这种议论，但是我们看中国文学，也拿这四项做根据。第一，中国文学，都表示中国人的性情：不喜现实，谈玄，凡事折中。中国的小说，无论好的坏的，末后必有个大团圆：这是不走极端的证据。关于人种一条，可以说没有违背。第二，环境更当然。中国文学的环境，自然都是中国的家庭社会。第三，时代的关系在中国似乎不很分明。但仔细看，也有的。讲旧文学的人说：同是赋，两汉的与魏晋的不同；同是诗，初唐盛唐晚唐也不同。李义山的无论那一首诗，必不能放在初唐四杰的诗中。他们的诗，同是几个字缀成，同讲格律，只因时代不同，作品就迥然两样。《世说新语》的文字，在句法与文气上都与他书不同，《宋人语录》亦如此，与《水浒》不同，与《宣和遗事》又不同。这都可以说因为时代空气不同。非但思想不同，文气、格律也有不同。可见时代的影响，也很厉害。至于人格，真的作家，不是欺世盗名的，也有他们的人格在作品里。所以文学与人生的四项关系，在中国也不是例外了。

文学与人生简单的说明不过如此。从这里，我们得到一个教训，就是凡要研究文学，至少要有人种学的常识，至少要懂得这种文学作品产生时的环境，至少要了解这种文学作品产生时代的时代精神，并且要懂这种文学作品的主人翁的身世和心情。

（原载 1922 年 8 月《松江第一次暑假学术演讲会演讲录》）

梯比利斯①的"地下印刷所"

梯比利斯（乔治亚共和国②京城）市外，有一座小小的平房，这便是一九〇四——一九〇六年斯大林及其同志们所经营的"地下印刷所"。到梯比利斯观光的人们一定要瞻仰这革命的遗迹，"来宾题词册"上写满了各种文字的赞词。

和附近的一般民房并没有什么差别，这平房前面的院子围着半人高的木栅，进了栅门，左首是一间很小的独立的披屋，内有一口井；正屋在右首，和披屋不相连，并排两间（每间约一方丈之大），前有走廊。正屋下层，那是一半露在地面的地窖，有小梯可达，从前这是作为厨房及堆积杂物的，现在还照当年的形式摆着炉灶和各种厨房用具。

正屋，厨房（一半在地面的地窖），有一口井的披屋，这一切都是四十年前梯比利斯的小市民住宅的标准式样；那么，当年的秘密印刷机就装在这三间屋子里吗？如果是这样，那就不能不说沙皇的宪兵和警察全是盲人和聋人了。秘密印刷机是在这房子的地下。所以这一个"地下印刷所"名副其实是在"地下"。在当年，那两间正屋都是住人的。靠左首的那一间，住着一位名叫腊却兹·蒲肖

①梯比利斯：通译第比利斯。
②乔治亚共和国：通译格鲁吉亚共和国。

列兹的女子，她常常坐在窗前做女红，人家在木栅门外就可以望见她。右首的那一间住着屋主罗斯托玛乞维列，一位规规矩矩的市民。这两间正屋里当然一无秘密可藏，更不用说庞大的印刷机了。正屋之下就是作为厨房和杂物堆放处的地窖。那时的小市民住宅都有这样一个地窖，空空洞洞的一间，这里也藏不了什么秘密。地窖是泥地——正规的泥地，连一个老鼠洞也找不出来的。

再看披屋。这里有一口井，如果放下吊桶去，当然可以汲取水上来。这是一口规规矩矩的井。四十年前梯比利斯的小市民住宅差不多家家都有这样一口井。

然而秘密可就在这井内。

如果你用手电筒照着细细看，你会发现井的内壁并不怎样光滑，这边那边，有些极小的窝儿；如果再仔细查看，这些窝儿的位置自上而下，成为不规则形的两行，直到井底。你要是愿意试试，下了井口，用脚尖踩着那些窝儿，就像走梯子似的一步一步可以走到井底。但是一口井的内壁而有这样的梯形窝儿，也并不为奇：掘井的工人就是踏着这些窝儿这样上来下去进行他的工作的。四十年前梯比利斯的水井差不多全有这样的梯形窝儿。可是，正在这样平平常常不足为奇之中，有它的秘密。

你如果踏着那些梯形窝儿下井去，到了 17 米的深处，就是离开水面不过 3 米的地方，你会发现井旁有一个洞，刚好可容一个人蛇行而入。你如果爬进洞去，约 4 米，便可到达另一井；这实在不是井，而是一条垂直的孔道，有木梯可以爬上去，约 10 米便到顶点，此处又有一条横隧道，约长 3 米，一人伛偻可入。隧道尽处为一门，进了门，一架印刷机就跃进你的眼帘。原来这就是"地下印刷所"了。

这地下室的大小和它上面的厨房差不多，一架对开的印刷机和四人用的排字架摆在那里，一点也不见拥挤。地下室的四个壁角都有向上开的通气孔，又有小铁炉，在靠近排字架的壁角，这是专为烧毁稿纸和校样用的。铁炉也有烟囱上达地面。地下室和它上边那厨房的地面相隔两米厚的泥土。

这就是"地下印刷所"构造的概况。当年进出这地下室只有一条路，就是上面讲过的那口井。工作的人员和印刷物都从井口进出。现在，为了参观者的方便，在正屋旁边另筑一座螺旋形的铁梯，可以直达地下室的后壁，而在此后壁上又新开一门。参观者不必下井爬行，可以舒舒服服从那道螺旋形铁梯走进地下室了。

一九〇三年，斯大林在乔治亚领导革命工作，计划建立这个"地下印刷所"。先由罗斯托玛乞维列出面购了这块地，并向梯比利斯市政府工务局领得营造住宅的执照。于是他们雇工先开一地穴（因为一般居民的住宅都有地窖以贮藏粮食等，造房之前先开地穴，不至于引人怀疑），然而开得太深了点，见了水，只好废止，而在其上再开一地穴，长方形，约宽五步长十步。这时候，作为业主的罗斯托玛乞维列就借口钱不凑手，停止建筑，将工人都辞去。然后同志们把印刷机拆卸，零零碎碎运入地穴，同时又在地穴的一端开凿了 3 米长的横行隧道，和 12 米长直通地面的垂直的孔道（如上文所述）。等到这一切都完成了，就用厚木板封闭了孔道和地穴向上开的口子（约 3 米见方），又在木板上加了 2 米厚的泥土。从地面看，一点也看不出这下面还有一个地下室。此后，另招工人在这地穴上面建筑了厨房和两间正屋，又造披屋[①]，开井，深 20 米见水。井已

①正屋旁依墙所搭的小屋。

完成，即辞退工人，再由同志们自己动手，在深 17 米处开一横孔，便与地下室来的隧道沟通，于是大功告成。

这个"地下印刷所"设计的巧妙之处即在利用那口真正的水井作为进出的唯一的路。因为水井是家家有的，不至于引起人们怀疑。

一九〇四年"地下印刷所"开始工作，一切都很顺利。但为了谨慎起见，又在正屋的左首一间设置了瞭望岗；担任这一个职务的，就是长年坐在窗口做女红的腊却兹·蒲肖列兹。她如果看到院子外的街道上来了可疑的人或宪兵警察，就按一下隐藏在窗下的电铃，"地下印刷所"的人们听到这警铃，就把机器停止。这是因为印刷所虽在地下，但机器转动的声音地面上还是可以觉到。腊却兹·蒲肖列兹一直活到八十多岁，于一九四六年五月故世。

一九〇六年，由于斯大林的提议，乔治亚的革命组织内成立了军事组。主持其事者为男女同志各一人。军事组开会地点即在此"地下印刷所"上面的左首那一间正屋内。不料军事组内有叛徒，向沙皇警察告了密。但叛徒不知此屋之地下尚有印刷所。警察搜查全屋，一无所获。因无所获，警察未封屋亦未捕人。但此屋显然已不能复用。业主罗斯托玛乞维列在门前贴了"召租"的纸条。可是隔了两日，大队宪兵从早到晚搜查了整整一天，仍无所得。但是一个宪兵官长在那口井上看出可疑之处来了。他看见井内壁的窝儿颇为光滑，而且井内壁的上端也颇光洁，他推想必有东西常在此井口进出，故而把内壁及开井时内壁所留的窝儿都磨光了。他用纸放在吊桶内，烧着了纸，把吊桶徐徐放下井去，发现吊桶还没有达到水面的时候，桶内的火光忽向一旁牵引，于是断定了井内必有秘密。召了消防队来下井去查看，始知井内另有隧道通别处。消防队员不敢进隧道，宪兵也不敢进入。但有一事已可断定，即此房及其院子的下面必有地下室。宪兵们根据这一个假定到处探测，结果，在厨房里找到线索，就把那"地下印刷所"发掘出来了。

根据当时的官方文书，宪兵们在此"地下印刷所"内除抄获对开印刷机一架外，又获乔治亚、阿尔美尼亚①及俄罗斯三种语言的铅字一千余公斤，已印就的小册子及传单八百公斤，白报纸三百二十公斤；此外尚有炸弹，伪造的身份证等等。当时官方呈报上级的报告写了两大厚册，现在尚保存于马恩列斯学院乔治亚分院的史料保管库内。房主罗斯托玛乞维列被捕，充军到西伯利亚。一九一七革命成功后，罗斯托玛乞维列始得自由。"地下印刷所"被破获后，沙皇的宪警把上面的正屋和披屋都放火烧了。一九三七年，苏联政府恢复了此一革命史迹，把沙皇政府当年从这"地下印刷所"抄去的东西都找回来放在原地方。腊却兹·蒲肖列兹并亲手布置厨房内的用具，使与当年一样。

最后，关于那架对开的印刷机，还要补几句话。这架机器是德国货，本为沙皇的乔治亚市长向德国定购的。但不知为什么，机器到后又搁在仓库内了。革命组织内的工人同志从仓库内把这架机器拆卸陆续偷运出来，装在那地下室，并且使它为革命服务了两年之久。

（原载 1948 年 2 月 1 日《中学生》2 月号）

---

① 阿尔美尼亚：通译亚美尼亚。

血战后一周年

如果说"九·一八"的沈阳事变好像晴天一霹雳，那么"一·二八"的上海血战光景就是暴风雨吧？现在离"一·二八"又是一周年了，全中国固然是密云未雨前的黑暗沉闷，全世界也是加紧武装，待机爆发。战神在狞笑！

我们回想上海血战的当时，大火烧毁了繁盛的闸北，炮弹扫平了江湾吴淞大场，租界内伤兵难民满坑满谷。资产者忧虑着公债库券变成废纸，忧虑着闸北地皮永远跌价；内地的小商人为了上海"钱庄不通"而愁眉蹙额；沿铁路线的农民忍痛看着自己的田地被圈作飞机场，被挖掘了战壕；大人先生忙着布置陪都，陆都，行都[①]，恨不得一步跨上了喜马拉雅山的最高峰——我们现在一闭眼就唤回了去年此时可歌可泣可叹的时代交响曲！

但是一周年以后的上海怎么呢？"救济东北难民游艺会"在"花选"的欢呼中闭幕了，复兴闸北灾区的奖券正以头彩三十九万圆大事号召，天堂的租界里新开了几家影戏馆，大减价的百货商店顾客潮拥，梅博士[②]来上海奏艺，许多人买不到票，新妆的短大衣，新

----

① 陪都，陆都，行都：指在首都以外另设的都城。1932年"一·二八"抗战后，国民党政府曾迁都洛阳，并以长安为西京。

② 梅博士：指梅兰芳。

妆的更长的旗袍：繁华的上海依然那样繁华，——不，更加繁华！如果不是爱多嘴的新闻纸频传热河告急，山海关头炮响，谁又肯信我们的国难仍是未已，我不犯人，人却犯我，而所谓"长期抵抗"事实上乃是长期"不"抵抗！

上海实在是太平世界了。却是蒙在鼓心里的上海小市民还没忘记去年此日的教训，看见虹口的日本海军陆战队要举行"检阅式"，于是又恐慌，又纷纷搬家。可敬而又可怜的小市民呀！你们不要慌，难道你们没听说英法对日有密约，日本不再来骚扰上海，那交换条件就是英法默认日本在热河榆关的军事行动？有钱人比你们聪明得多了，他们知道上海是太平世界。不见他们朝朝暮暮酣歌醉舞吗？

（原载 1933 年 1 月 23 日《申报·自由谈》）

狂欢的解剖

从前欧洲中世纪的"黑暗时代"，十三世纪那时候，有些青年人——大都是那时候几个新兴商业都市新设的大学校的学生，是很会寻快乐的。流传到现在，有一本《放浪者的歌》，算得是"黑暗时代"这班狂欢者的写真。

《放浪者的歌》里收有一篇题为《于是我们快乐了》的长歌，开头几句是这样的：

且生活着吧，快活地生活着，
当我们还是年青的时候；
一旦青春成了过去，而且
潦倒的暮年也走到尽头，
那我们就要长眠在黄土荒丘！

朋友，也许你要问：这班生在"黑暗时代"的年轻人有什么可以快乐的？他们寻快乐的对象又是什么呢？这个，哦，说来也好像很不高明，他们那时原没有什么可以快乐的，不过他们觉得犯不着不快乐，于是他们就快乐了，他们的快乐的对象就是美的肉体（现世的象征），——比之"红玫瑰是太红而白玫瑰又太白"的面孔，"闪闪地笑着……亮着"像黑夜的明星似的眼睛，"胜过珊瑚梗的朱唇"。

一句话，他们什么也不顾，狂热地要求享有现实世界的美丽。然而他们不是颓废。他们跟他们以前的罗马人的纵乐，所谓罗马人的颓废，本质上是不同的；他们跟他们以后的十九世纪末年的要求强烈刺激，所谓世纪末的颓废，出发点也是完全不同的。他们的要求享乐现世，是当时束缚麻醉人心的基督教"出世"思想的反动，他们唾弃了什么未来的天堂，——渺茫无稽的身后的"幸福"，他们只要求生活得舒服些，像一个人应该有的舒服生活下去。他们很知道，当他们的眼光只望着"未来的天堂"的时候，那几千个封建诸侯把这世界弄得简直不像人住的。如果有什么"地狱"的话，这"现世"就是！他们不稀罕死后的"天堂"，他们却渴求消灭这"现世"的活地狱；他们的寻求快乐是站在这样一个积极的出发点上的。

他们的"放浪的歌"是"心的觉醒"。而这"心的觉醒"也不是凭空掉下来的。他们是趁了十字军过后商业活动的涨潮起来的"暴发户"，他们看得清楚，他们已经是一些商业都市里的主人公，而且应该是唯一的主人公。他们这种"自信"，这种"有前途"的自觉，就使得他们的要求快乐跟罗马帝国衰落时代的有钱人的纵乐完全不同，那时罗马的有钱人感到大难将到而又无可挽救，于是"今日有酒今日醉"了；他们也和十九世纪的"世纪末的颓废"完全不同，十九世纪末的"颓废"跟"罗马人的颓废"倒有几分相似。

所谓"狂欢"也者，于是也有性质不同的两种：向上的健康的有自信的朝气蓬勃的作乐，以及没落的没有前途的今日有酒今日醉的纵乐。前者是"暴发户"的意识，后者是"破落户"的心情。

这后一意味的"狂欢"我们也在"世界危机"前夜的今年新年里看到了。据路透社的电讯，今年欧美各国的"庆祝新年"的热烈比往年"进步"得多。华盛顿、纽约、罗马、巴黎这些大都市，半夜里各教堂的钟一齐响，各工厂的汽笛一齐叫，报告一九三五年"开幕"了；几千万的人在这些大都市的街上来往，香槟酒突然增加了消耗的数量，……真所谓满世界"太平景象"。然而同时路透社的电讯却又报告了日本通告废除《华盛顿海军条约》，美国也通过了扩充军备的预算，二次世界大战的"闹场锣鼓"是愈打愈急了。在两边电讯的对照下，我们明明看见了"今日有酒今日醉"那种心情支配着"今日"还能买"酒"的人们在新年狂欢一下。

我记起阳历除夕"百乐门"的情形来了。约莫是十二时半吧，忽然音乐停止，跳舞的人们都一下站住，全场的电灯一下都熄灭，全场是一片黑，一片肃静，一分钟，二分钟，突然一抹红光，巨大的"1935"四个电光字！满场的掌声和欢呼雷一样地震动，于是电灯又统统亮了，音乐增加了疯狂，人们的跳舞欢笑也增加了疯狂。我也被这"狂欢"的空气噎住了，然而我听去那喇叭的声音，那混杂的笑声，宛然是哭，是不辨哭笑的神经失了主宰的号啕！

我又记起废历年的前后来了。这一个"年关"比往年困难得多，半个月里倒闭的商店有几十，除夕上一天，又倒闭了两家大钱庄，可是"狂欢"的气势也比往年"浓厚"得多。下午二点钟，几乎所有的旅馆全告了客满。并不是上海忽然多了大批的旅客，原来是上海人开了房间作乐。除夕下午市场上突然流行的谣言——日本海军陆战队要求保安队缴械的消息，似乎也不能阻止一般市民疯狂地寻求快乐；不，也许因此他们更需要发狂地乐一下。影戏院有半夜十二时的加映一场，有新年五日内每日上午的加映一场，然而还嫌座位太少。似乎全市的人只要袋里还有几个钱娱乐的，哪怕是他背上有千斤的债，都出动来寻强烈刺激的快乐。在他们脸上的笑纹中（这纹，在没有强笑的时候就分明是愁纹，是哭纹），我分明读出了这样的意思："今天不知明天事，有快乐能享的时候，且享一下吧，因为明天你也许死了！"

而这种"有一天，乐一天"的心理并不限于大都市的上海呵！废历新年初六以后的报纸一边登着各地的年关难过的恐慌，一边也就报告了"新年热闹"胜过了往年。"越穷是越不知道省俭呵！"这样慨叹着。不错，从不穷而到穷，明明看见没有前途的"破落户"，是不会"省俭"的，他们是"得过且过"；现在还没"穷"，然而恐怖着"明天"的"不可知"的人们，也是不肯"省俭"的，他们是"有一天，乐一天"！例外的只有生来就穷的人，饿肚子的人，他们跟发疯的"狂欢"生不出关系。

我又记起废历①元旦瞥见的一幕了。那是在"一·二八"火烧了的废墟上，一队短衣的人们拿着钢叉、关刀、红缨枪，带一个彩绘的布狮子。他们不是卖艺的，他们是什么国术团的团员，有一面旗子。我看见他们一边走，一边舞他们的布狮子，一边兴高采烈地笑着叫着。我觉得他们的笑是"除夕"晚上以及"元旦"这一日我所听到的无数笑声中唯一的例外。他们的，没有"今日有酒今日醉"的音调，然而他们的笑，不知怎的，我听了总觉得多少是原始的、

---

① 废历：指阴历。

蒙昧的，正像他们肩上闪闪发光的钢叉和关刀！

　　"今日有酒今日醉"的"狂欢"，时时处处在演着，不过时逢"佳节"更加表现得尖锐罢了。我好像听见这不辨悲喜的疯狂的笑，从伦敦，从纽约，从巴黎、柏林、罗马，也从东京，从大阪，……我好像看见他们看着自己的坟墓在笑。然而我也听得还有另一种健康的有自信心的朝气的笑，也从世界的各处在震荡；我又知道这不是为了"现世"的享乐而笑，这是为了比《放浪者的歌》更高的理想，因为现在到底不是"中世纪"了。

1935 年 2 月 20 日

（原载 1935 年 3 月 15 日《申报月刊》第 4 卷第 3 期）

不是恐怖手段所能慑服的

近来每天清晨便听得敌人的飞机在屋顶的上空嗡嗡地回旋。我准知道这样回旋的，是敌人的飞机。因为这里离战区颇远，而且是属于英军防守区域的，而且尊重"租界安全"的我国的空军听说早已避免飞行在租界上空了；而嗡嗡的回旋者则是侦察或伺隙一击，这在既离战区颇远而又属于租界上空的此地，当然不会是我国的空军。

事实证明我这推想并没错，嗡嗡的几圈以后就惨厉得像受伤之狗叫起来，——这是敌人的飞机自以为觅得了目标疾如鹰隼地向下急降；接着，轰的一声炸弹。

听炸声，知道是在西方，——也许是真如一带吧。后来看晚报果然是真如无线电台受了点损失，暨南大学的校舍遭了灾。

哼！敌人的堂堂的空军原来只向没有武装的交通机关和文化机关施威么！

我这里门前常有乡下人种了青菜来卖。他们大都来自真如一带。我偶然和他们闲谈。我知道他们这些青菜正是每天清晨在敌人飞机追逐威胁之下一直挑负了来的，这样的青菜，本来值十文钱的，就是卖二十文，也不算多吧？然而他们并不肯抬价。

"日本飞机天天来轰炸，不怕么？"我冒冒失失问了。

可是那些紫铜色的脸儿却笑了笑回答：

"怕吗？要怕的话，就不能做乡下人了！"

呵呵！这是多么隽永的一句话！我于是更觉得敌人这种"威胁后方"的飞机战略不但卑劣而且无聊。

前昨两天敌人飞机照例的"早课"更做得俨然了。这两天秋老虎又颇厉害，我要写点文章多半是趁早凉时间。心神一有所注，嗡嗡声或轰轰声都听而不见了。然而我开始觉得敌人这种卑劣的战略妨碍了我的工作了。我那间卧室兼书室的天花板曾经粉刷过，大概那位粉刷匠用了不行的东洋货吧，只两年功夫，那一层粉便像风干的橘子皮似的皱缩起来，上次风暴，忘记关了一扇窗，——仅仅一扇，天花板上那白粉竟像雪片似的掉下来；此番，趁早凉我正在写作，那雪片样的东西忽又连续而下，原稿纸上都洒满了。我不得不停笔，抬头朝上看，而恰在此时照例的轰轰似乎比以前近些，房子也有点震动，呕！原来那白粉作雪花舞，也是敌人飞机作的怪！听声音又在西方，或许偏北。我拂去了纸上的粉屑，陡然又想起几天前那几位真如来的农民回答我的那一句掷地作金石声的名言，我忍不住微笑了。对于敌人飞机此种徒然的而又无聊的威胁或破坏手段，我老老实实引不起正常的愤怒或憎恨，只能作轻蔑的微笑，我相信敌人中间的所谓"中国通"一辈子也不会了解大中华民族的农民的虽似麻木然而坚凝的性质！

可是待到我知道这回是敌人空军在北新泾等处轰炸徒手的民众而且连续轰炸至数小时之久，我的血便沸腾了！世界上会有这样卑劣无耻的军人吗？

当然，他们这卑劣无耻的举动有其目的：想要在我们后方民众中间撒布恐怖，动摇人心。但是农民子孙的我敢于回答道：不能——绝对不能！中国农民的神经诚然有些迟钝，然而血，血淋淋的屠杀，可正是刺激他们奋起而坚决了复仇的意志！"民不畏死奈何以死惧之"，这是我们古代哲人的金言。中国民众绝不是什么恐怖手段所能吓倒的！

敌人以为轰毁了几个乡镇，就能动摇我们民众的抵抗的决心吗？那是梦想！中国农民诚然富于保守性的多，诚然感觉是迟钝的；一个老实的农民当他还有一间破屋可避风雨，三餐薄粥可喂饿肚子的时候，诚然是恋家惜命的，但当他什么都没有了时，他会像一头发怒的狮子一样勇敢！中国民族绝不是暴力所能慑服的！

中国民众所受的政治训练诚然还不大够，但是敌人的疯狂的轰炸屠杀恰就加强了我们民众的政治意识。

现在敌人的飞机天天在我们各地的和平的城镇施行海盗式的袭击。这是撒布恐怖么？不错，诚然有一点是恐怖的，但恐怖之心只是一刹那，在这以后是加倍的决心和更深刻的认识，认识了侵略者的疯狂和残酷，决心拼性命来保卫祖国！

1937 年 9 月 6 日

（原载 1937 年 9 月 8 日《救亡日报》第 10 号）

韧性万岁

　　惯于颠倒黑白的人们提起鲁迅先生，总以不满意的口气说："执拗的老人！"他们不会懂得他们所谓"执拗"正是鲁迅先生的战斗的韧性！

　　封建黑暗势力下的渣滓，政治圈内文化圈内的无耻之徒和恶棍，都曾受到鲁迅的韧性战斗的打击。"对于旧社会旧势力的斗争，必须坚决，持久不断"（《二心集》），只有韧性的持久战，才能扫荡积久的渣滓和新生出来的毒瘤！

　　鲁迅先生早就期待着"一片崭新的文场，几个凶猛的闯将"（《论睁了眼看》），但同时也屡次警戒战友"不要赤膊上阵"，又说"在文艺战线上的，还要韧"（《二心集》）。这都是他三十年战斗经验得来的宝贵的指导。"凶猛的闯将"而又能韧，这才是真正的战士。他看见有过"横冲直撞的莽将军"，然而一败之后则意气消沉；他又看见过"赤膊上阵"拼一死的勇士，然而这种拼死一击的行动，虽云悲壮，却不是可以制敌死命的；——他谆谆以韧战为言，是针对着文坛的一些现象的。

　　每当政治社会发生变动，青年们意气洋洋，认为"明天便要完全不同"的时候，鲁迅先生是冷静的，他警告着：不要笑得太早。

因此而被讥为"悲观"，也不止一次。但是当讥笑者遇到了顿挫而消极的时候，鲁迅先生却在坚韧地斗争下去！

这些事情，大家应当早已熟悉，但现在我们还必须谨记而温习这一遗范——韧性的战斗。在长期抗战中，全国民众都须要坚韧，"在文艺战线上的，还要韧"。目前摆在文艺工作者面前的许多问题，都不是"痛快主义"所能解决，必须韧战。我们必须有韧性的斗争，才能使广大的民众深切明了抗战建国的重任；必须有韧性的斗争，才能把贪污土劣、托派、汉奸种种阻碍抗战、破坏抗战的恶势力从抗战路上扫除出去；必须有韧性的斗争，才能消灭失败主义、盲目的乐观，以及潜伏着绝望意识的但求拼死的心理。即如"大众化"一问题，也必须韧性的斗争，才能克服太"左"的反对"利用旧形式"，以及太右的"为旧形式所用"的尾巴主义。

只有对于最后胜利有确信，而又能够正确地估计到当前的困难的，方始能作韧战。我们需要坚守岗位，从容不迫的韧性的战士！

（原载 1938 年 10 月 16 日《文艺阵地》第 2 卷第 1 期）

青年苦闷的分析

亲爱的朋友：

从你的来信中看出你是十二分的苦闷。用我的另一个朋友的话：你是"在死线上挣扎"。用你自己的话：你是"站在交界线上"。你是出了学校，将入社会；不是你战胜了生活，便是生活将你压碎，将你拖进了地狱去，——这，你说在你目前的环境是很有可能的。你说你仅仅是个中学毕业生，你没有用正当手段在社会上来自立的能力，而且即使你的能力还够，社会上却已经密密层层挤满了和你同样境遇的可怜人，从这样的同命者的嘴巴里夺取面包来养活你自己，你却又于心不忍，于义不取。你说社会是新的"斯芬克斯"，不是你解答了它的谜，便是你被它吞下去。你觉得你是解答不了社会的谜，因此你觉得只有两条路横在你面前：被生活拖下社会的地狱去，或是死！

哦！云山茫茫，我送给你一个握手。

但是在我提笔作书这现刻，我心里充满着的却不是什么感伤悱恻的情绪而是忿忿。我真不愿意对你表示什么同情，寄予什么慰安，——这些"空心汤圆"，这些不痛不痒的温甘剂，对于你一点好处也没有。我只想请你吃点辣子，给你一些批评。我又觉得给你什么职业上谋生上的暗示，——所谓得一个啖饭处，于你也是没有多大帮助，因为你的苦闷的缘故还不是仅仅一个胃的装饱与否的问题，——还不是仅仅活下去的问题，而是怎样活得有意义的问题。自然胃的装饱与否也不是小问题，所谓"饿死小事"那样的话只是吃得太饱的大人先生们坐在衙门里说说的，不过这里讲起来话太长了，而且我想来你总也看到许多书讲到怎样方可以大家不饿。朋友！对于像你这样还没到缺少白米饭的胃，就需要一点辣子。这可以使你出一身大汗，可以破除你的苦闷吧！

你是一个多少有点觉悟的青年。你不愿意像别人那样过着猪狗一般的被践踏被损害的生活，你也不愿意像又一种别人那样，过着损人肥己或是向吮嚼民众血液的魔鬼，献殷勤乞怜而分得些馔余以骄妻子的生活。你不愿被压迫，也不愿为压迫者。你是因为觉得这样合理的社会和人生似乎一时不能实现，所以便苦闷了的呀！你这苦闷自然比较单纯的贫困或是失恋更有深切的意义。但是我不能不说你这苦闷就是你的糊涂呀。

朋友，据你这心理状态，你好像是某寓言中的驴子，因为不能够一步就到了人家对它说的那个花园吃理想中的玫瑰，就归根怀疑到该花园之是否真真存在。现代人中间不乏颇像这寓言中驴子们的可敬的怀疑者；他们的毛病就是不明白一个社会组织的改变绝不是像你在床上翻一个身那样容易的。一个社会组织的改变不但需要很长的时间，而时间一定要经过不少的各种形态的阶段。社会进化的方式，既不如一班人所说的那样机械的，也绝不是又一班人所说什么混杂变幻不可思议究诘。处在这转变期的我们，固然需要一种有所不为有所必为的坚决的意志，却也需要一种毅力——只照着正确的路线走去，把一切顿挫波折都放在预算中，绝不迟疑徘徊的那样的毅力。朋友，在现今这瞬息万变的社会中，像你那样的青年人，顶需要的，是这种毅力。下了有所不为有所必为的决心而没有这种毅力的人儿是苦闷的。朋友，你的苦闷的一方面，据我看来，就是这个。

你说你要牺牲一己为大众谋幸福久矣，但恨不得其门，未逢其人；自然这你是有慨于目今挂羊头卖狗肉者之多，故有此言。你为此审慎，为此迷惘，为此而痛感生命力之无从发泄，而感苦闷。朋友，你这种不"轻举妄动"的态度是很好的，然而一何类于深闺择婿的淑女呢？朋友，你须不是一个小姑娘，你总不应该自存着万一受了欺骗便无以自反的心理因而简直不敢动呀！跑出你的"香闺"，走到十字街头；不要尽信赖你的耳朵，应该睁开你的眼睛来；那么，如果你确是像你来信中所表现的那么一个人，你一定可以看见大众所苦痛者究竟是什么，并且究竟是什么东西能够解放他们了。我再说一遍，你不是一位小姑娘，你须不怕受了人家的骗而又被指勒着不得脱身，你更不须顾忌着万一上当则将玷污你终身的"清白"，——其实你大概熟知在现今即使是小姑娘也很多并不这样畏葸的了，你是一个青年男子，应该有一点"泼皮"的精神，什么都不怕一试，试得不对，什么都不怕丢开另来。朋友，就是这追求又追求，搏战又搏战中，有着你的最宝贵的生命力之表现。中国有句老话：大处落眼，小处着手。你的落眼处虽然是为大多数民众求幸福，但你的着手处却应该从极小处开始；不耻下层的工作，不要放弃琐细的斗争；如果你是这样想，你的每一刻的生活便不会没有意义，你的整个生命力的表现便走上了正确的路线了。

朋友，也许你是欢喜多想的吧？用思固然是好事，但只管空想，却是坏事中之最坏者。我觉得现在有些人都犯了这样一个毛病：他已经依理性的指示而决定了一个主张或信仰，这主张或信仰之决定，当然是思索的结果，决定以后当然仍得用思，这时的思索应该集中在如何而可实现他的主张——就是确定了实现他这主张的步骤；然而不然，他却尽管左右前后地空想，他想得很多，估量得很多，预防得很多，但是一切这些思索都不是促其主张的实现，只是围绕着他这主张兜圈子，固然他这主张自始至终没有一分一毫的移动，他始终抱定着他这主张，可是始终不曾有过一分一毫的实现。在主观上，他有一个牢不可破的主张，但在客观上，他等于没有主张。于是结果他苦闷了，大喊没有"出路"。朋友，你是否也陷于这样的所谓没有"出路"的苦闷？我看来你有一点。朋友，一个人的生活的布置绝不能像下围棋似的可以数子而定全局。你在对弈开始落子的时候，棋局是空白的，你有布置你的局势的自由，但你的生活却不是放在空白的"人生的棋局"上，所以你若自己计划好了自己生活的"局势"以后，而尽管躺在床上"推敲"，那就愈想愈糊涂，终于成了不动了。主要的是：你定了主意后就应该定步骤，你自然得小心，但不可不放开脚步走上前去，不容趑趄！半途上出了什么岔子吗？到那时再来对付！不过你也不可以忘记你应当时时自己武装准备对付那些岔子！

假如你还没有决定任何主意的时候，那么，朋友，慎防着陷进了又一泥坑里。欢喜多空想的人又有这样的一种：譬如说想从一个瓶子里倒出酒来喝吧，他，这位空想家，尽对着瓶子出神，先来推论这瓶里的酒到底是什么酒，好不好的，照这瓶子的漂亮的外观而言该是好酒，但也许竟是最劣等的酒，也许竟不是酒，——这样反复推想，什么都想到了，只是始终不曾想起先倒出那酒来尝一下，然后再作结论。朋友，你不要笑，现代的青年中尽多这样的人呢！自然对于一瓶酒之类不会这样的没主意；可是对于"立身处世"的大计明明放着一条路在面前而始终拿不定主意以至踌躇不决的却多得很呢。这结果也是烦闷。

朋友，或者你还有点感情与理智的冲突，向善心与向恶心的矛盾吧？你也许因而感到自己的脆弱，因而悲观消沉吧？哦！你不应该如此的。人类并不是"全知全能的上帝"，人类是或多或少有些缺陷的；我们的老祖宗——原始人，比起我们来，要不完全得多了，然而他们从工作中，从生活斗争中，炼到了一身本事；所以，朋友，你不必为你的有缺陷而自馁，你应当在找寻工作和生活斗争中锻炼你自己，填平你的缺陷，只有不断地和环境奋斗，然后才可以使你长成。

朋友，你是青年，你手足健全，你受过中等教育，你生在这转变时代，你有很好的机会在这正在展开的历史的悲壮剧中做一个角色，你是很幸运的。你没有父祖的余荫，没有一份家产来供你安居饱食，生儿子做老太爷，你没有亲戚故旧的提拔，没有同乡同学的帮忙，你进不能混入贪官污吏土豪劣绅队中，退而求为一个安分守己的小百姓亦不可得，但是正因为你是一无所有的青年，你的出路是明明白白的一条：

为了大多数人也为了你自己的解放而斗争！

（原载 1930 年 7 月 1 日《中学生》第 7 号）

我们这文坛

我们这文坛是一个百戏杂陈的"大世界"。有"洪水猛兽"，也有"鸳鸯蝴蝶"；新时代的"前卫"唱粗犷的调子，旧骸骨的"迷恋者"低吟着平平仄仄；唯美主义者高举艺术至上的大旗，人道主义者效猫哭老鼠的悲叹，感伤派喷出轻烟似的微哀，公子哥儿沉醉于妹妹风月。

我们的文坛又是一个旗帜森严各显身手的"擂台"。三山五岳的好汉们各引着同宗同派，摆开了阵势，拼一个你死我活。今天失手了，在看客的哄笑声里溜走了，明天换一个花样再来。反正健忘的看客也记不清那么多的脸。

红脸的，白脸的，黑脸的，蓝脸的，黄脸的，雷公脸的，长嘴大耳朵的，晦气色脸的，都在这"擂台"上串进串出。金瓜锤，方天戟，青龙刀，梨花枪，八卦衣，鹅毛扇，飞镖，袖箭，前膛枪，红衣大炮，三八步枪，迫击炮，水旱机枪，飞机，坦克：人类一千年来的武器同时并见。

我们这"擂台"的文坛打了有十多年了，还没分个决定的胜败！

我们这"擂台"的文坛也有若干各宗各派的评判员。有的捧着高头讲章,《诗韵合璧》;有的戤着牌头^①,圣培韦、泰纳、托尔斯泰、玛里纳蒂、蒲列汗诺夫、白璧德^②;有的更使用着新式的天平,"意德沃洛基"^③。

谁也都是百分之百的合理,而别人是百分之百的没出息。

谁都自称是嫡派密授,而别人是冒牌货,野狐禅。

我们这"擂台"的文坛上的评判员也这样进行着万花缭乱的混战!

我们这"擂台"的文坛背后还有许多后备军的青年作家。他们中间正起着变化:或者已经拜了山门,成了宗派;或者尚在彷徨,觉得什么都不好;或者远道慕名,却不知道他所崇拜的好汉早已摇身一变;或者拾起了巨子们从前的玩意儿当作法宝,大做其"身边琐事"的描写,"即兴小说""文艺自传"。

他们中间也有些倔强的,打算自己找路走;也有些胆小的,经不起一声断喝,就不敢相信自己的能力;也有些糊涂的,左看看也好,右看看也好,在那里打磨旋。

可是他们大多数不肯向后转,他们想做新时代的"第一燕"!

我们这"擂台"的文坛背后就挤满了这许多有志的后备军的青年!

朋友!这就是我们文坛的"卡通"!朋友!这就是我们那错综

---

① 戤着牌头:沪语。意指倚仗势力。——作者原注。

② 圣培韦(Sainte-Beuve,1804—1869):法国文艺批评家;泰纳(Taine,1828—1893):法国实证主义的批评家;托尔斯泰(L. Tolstoy,1828—1910):俄国文学家;玛里纳蒂(Marinetti,1876—1944):意大利艺术家;蒲列汗诺夫(Plekhanov,1856—1918):俄国最早的马克思主义者之--;白璧德(I. Babbitt,1865—1933):美国"新人文主义"的文艺批评家。——作者原注。

③ "意德沃洛基":Ideology 的音译。意即观念形态、意识形态。——作者原注。

动乱的社会所反映出来的文艺上的奇观！

朋友！这不是苦了看客？然而也不然。看客们不是一个印版印出来，看客们的嗜好各殊咸酸；是为的这些看客们各趋所好，这才三山五岳的好汉们能够雄踞擂台的一角，暂时弄成了各不相下。

他们看客才是真正的最有权威的评判员。他们的掉头不顾是真正的一声"银笛"，任何花言巧语的宣传所挽回不来！

朋友！你也且莫担心着他们看客的口味是那样太庞杂！朋友，也许你不相信，但是你将来一定会看见：生活的紧箍咒会把这些各殊咸酸的看客们的口味渐渐弄成了一律！

三山五岳的好汉们谁能够紧紧地抓住了看客们的心弦，弹出了他们的苦痛，他们的需求，鼓动了他们的热血，指示了他们的出路，谁就将要独霸这文坛的"擂台"；任何欺骗，任何威胁，任何麻醉，都奈何他不得！

朋友！现在我们不妨来做一回"梦"了。我们来"梦"一回最美满的文坛的将来，我们来"梦"一回将是怎样的狂风烈火将这大垃圾堆的文坛烧一个干净而且接着秀挺出壮健美丽的花朵。

朋友！不远的将来，从我们这里连年的战火，饥荒，水灾，旱灾，外患，一切等等所造成的罡风将吹燃了看客他们心头星星的火焰，变成了烈火滔天；烧穿了一切烟幕，一切面具，一切玩意儿的花鸟，他们看客将同声要求一些为了他们的，是他们的，属于他们的。

朋友！在这时候，鸳鸯蝴蝶也许仍在双双戏舞，可是没有人看；唯美主义的大旗将要挂在书房里，感伤的诗人琴弦将要绷断，公子哥儿将要再没有闲心情沉醉在妹妹风月。朋友！在那时候，只有生活的悲壮的史诗能够引起看客他们的倾听，震动他们的心弦！

但是朋友，我们文坛上那些自命为站在时代前线的三山五岳的好汉们以及青年的后备军在这历史的一幕前却也不能不自强不息。尤其那些"前卫"们，不能仍然那么狂妄地以为文坛的大任将"匪异人任"地必然地落到他们身上！

虚心的艰苦的学习，是必需的！

生活本身是他们的老师，看客大众是他们的不容情的评判员！

朋友！天亮之前有一时间的黑暗，庞杂混乱是新时代史前不可避免的阶段，幼稚粗拙是壮健美妙的前奏曲，"The Beautiful Agony of Birth"据说这就是辩证法的进展，是铁一样的规律！

只有竹子那样的虚心，牛皮筋那样的坚韧，烈火那样的热情，才能产生出真正不朽的艺术。

朋友！我们毫不客气地说：我们唾弃那些不能够反映社会的"身边琐事"的描写；我们唾弃那些"恋爱与革命"的结构，"宣传大纲加脸谱"的公式；我们唾弃那些向壁虚构的"革命英雄"的罗曼史；我们也唾弃那些印板式的"新偶像主义"——对于群众行动的盲目而无批判的赞颂与崇拜；我们唾弃一切只有"意识"的空壳而没有生活实感的诗歌、戏曲、小说！

将来的真正壮健美丽的文艺将是"批判"的：在唯物辩证法的显微镜下，敌人，友军，乃至"革命自身"，都要受到严密的分析，严格的批判。

将来真正壮健美丽的文艺将是"创造"的：从生活本身，创造了斗争的热情，丰富的内容和活的强力的形式；转而又推进着创造着生活。

将来的真正壮健美丽的文艺因而将是"历史"的：时代演进的过程将留下一个真实鲜明的印痕，没有夸张，没有粉饰，正确与错误，赫然并在，前人的歪斜的足迹，将留与后人警惕。

将来的真正壮健美丽的文艺，不用说，是"大众"的：作者不复是大众的"代言人"，也不是作者"创造"了大众，而是大众供给了内容、情绪，乃至技术。

朋友！这不是"梦"，这和一加一等于二那样的不可强辩！

但是朋友，眼前我们却还只有庞杂混乱，幼稚粗拙！时代的大题材有多多少少还没带上我们那些作家的笔尖！时代的大步突飞猛进，我们这文坛落后了，异样的"牛步化"，没出息！朋友！可是你也无须悲观，时代的轮子将碾碎一些脆弱的，狂妄自夸的，懒惰不学好的，将他们的尸骸远远地抛出了进化的轨道！剩下那有希望的，将攀住了飞快的时代轮子向前！

他们必须艰苦地虚心地跟"时代"学习！

生活本身是他们的老师，看客大众是他们的不容情的评判员！

朋友！这不是"梦"，这和一加一等于二那样的不可强辩！

1932 年 11 月 28 日

（原载 1933 年 1 月 1 日《东方杂志》第 30 卷第 1 号）

写在《野蔷薇》的前面

一

如果将一个民族的关于命运的神话当作某种人生观来研究，则比照着对看希腊民族和北欧民族的命运神话，也该是一件很有趣味的事情吧。

希腊神话里的命运神是姊妹三个。Clotho 是弱妹，司织生命之线，很巧妙地交错着光明的丝和黑暗的丝，正像人生有光明，也有黑暗。Lachesis 是二姊，她的职务是搓捻生命之线，她的手劲有时强，有时弱；这又说明了何以人的生命力有各种程度的强弱。叫做 Atropos 的大姊却是最残忍的一位了。她拿着一把大剪子，很无怜悯地剪断那些生命之线。

在北欧神话，命运神也是姐妹三个。但她们并不像希腊神话里的同僚们那样担任着三种不同的职务，她们却是象征了无尽的时间上的三段。最长的 Urd 是很衰老的了，常常回顾，她是"过去"的化身。最幼小的 Skuld 遮着面纱，看的方向正与她的大姊相反。她是不可知的"未来"。Verdandi 是中间一位，盛年、活泼、勇敢，直视前途，她是象征了"现在"的。

这便是南方民族的希腊人和北方民族的北欧人所表现的不同的原始的人生观。现实的北方民族是紧抓住"现在"的，既不依恋感伤于"过去"，亦不冥想"未来"。

二

我们，生在这光明和黑暗交替的现代的人，但使能奉 Verdandi 作为精神上的指导，或者不至于遗讥"落伍"吧？人言亦有云："信赖将来！对于将来之确信，是必要的！"善哉言！自从 Pandora 开了那致命的黑檀木箱以来，人类原是生活在"希望"里的。宗教的而且神秘的对于将来之依赖，既已亘千余年之久成为人类活力的兴奋剂，现在是科学的而且历史的对于将来之依赖，鼓舞着人们踏过了血泊而前进了！善哉言："信赖着将来呀！"

知道信赖着将来的人，是有福的，是应该被赞美的。但是，慎勿以"历史的必然"当作自身幸福的预约券，且又将这预约券无限制地发卖。没有真正的认识而徒藉预约券作为吗啡针的"社会的活力"是沙上的楼阁，结果也许只得了必然的失败。把未来的光明粉饰在现实的黑暗上，这样的办法，人们称之为勇敢；然而掩藏了现实的黑暗，只想以将来的光明为掀动的手段，又算是什么呀！真的勇者是敢于凝视现实的，是从现实的丑恶中体会出将来的必然，是并没把它当作预约券而后始信赖。真的有效的工作是要使人们透视过现实的丑恶而自己去认识人类伟大的将来，从而发生信赖。

不要感伤于既往，也不要空夸着未来，应该凝视现实，分析现实，揭破现实；不能明确地认识现实的人，还是很多着！

三

抱着这样的心情，我写我的小说。尤其是这里所收集的五个短篇，都是有意识地依了上述的目的而做的。不论是《创造》中的娴娴，《自杀》中的环小姐，《一个女性》中的琼华，《诗与散文》中的桂奶奶，《昙》中的张女士，不论她们的知识和经验是怎样地参差，不论她们的个性是怎样地不同，然而她们都是在人生的学校中受了"现实"这门功课，且又因对于这门功课的认识之如何而造成了她们各人的不同的结局。

这五篇里的主人都是女子。《诗与散文》中的真正主人也是桂奶奶而不是青年丙。主人中间没有一个是值得崇拜的勇者，或是大彻大悟者。自然，这混浊的社会里也有些大勇者，真正的革命者，但更多的是这些不很勇敢，不很彻悟的人物；在我看来，写一个无可疵议的人物给大家做榜样，自然很好，但如果写一些"平凡"者的悲剧的或暗澹的结局，使大家猛醒，也不是无意义的。

四

这里的五篇小说都穿了"恋爱"的外衣。作者是想在各人的恋爱行动中透露出各人的阶级的"意识形态"。这是个难以奏功的企图。但公允的读者或者总能够觉得恋爱描写的背后是有一些重大的问题吧。

娴娴是热爱人生的，和桂奶奶正是一个性格的两种表现。有几个朋友以为《诗与散文》太肉感，或者是以为单纯地描写了一些性欲，近乎诱惑。这些好意的劝告，我很感谢。同时我亦不能不有所辩白。如果《创造》描写的主点是想说明受过新思潮冲击的娴娴不能再被拉回来徘徊于中庸之道，那么《诗与散文》中的桂奶奶在打破了传统思想的束缚以后，也应该是鄙弃"贞静"了。和娴娴一样，桂奶奶也是个刚毅的女性；只要环境转变，这样的女子是能够革命的。

《自杀》中的环小姐和《昙》中的张女士都是软弱的性格，所以她们的结局都是暗澹。张女士是想"奋飞"的，但是官僚家庭养成她的习性，使她终于想到"还有地方逃避的时候，姑且先逃避一下吧！"这也是个不可讳言的"现实"。怕只有"唯心的"唯物主义者才会写出大彻大悟革命的官僚的女子！然而我曾经看见这样的作品被许为革命文学了，这真是"特殊情形"中国的特殊状态。

琼华在这里是第三型。她的天真的心，从爱人类而至于憎恨人类，终成为"不憎亦不爱"的自我主义者。但是自我主义也就葬送了她的一生。

五

脑威[①]现代小说家包以尔（Johan Bojer）在一个短篇里，说过这样的意思：有一个人赞美野蔷薇的色香，但是憎恶它多刺；他的朋友则拔去了野蔷薇的刺，做成一个花冠。

人生便是这样的野蔷薇。硬说它没有刺，是无聊的自欺；徒然憎恨它有刺，也不是办法。应该是看准那些刺，把它拔下来！

如果我的作品倘能稍尽拔刺的功用，那即使伤了手，我亦欣然。

1929 年 5 月 9 日

（原收 1929 年 7 月大江书铺版《野蔷薇》）

---

① 脑威：通译挪威。

致文学青年

做这篇文章的人，也是常常欢喜就文学方面发表些意见，并且常常自以为血管中尚留存着青年的情热，常常还有些"狂戆"的举动。以这"资格"，——如果你说这也算是"资格"，敢对青年们之爱好文艺或志愿文艺者说几句话。

任何人都有爱好文艺的性习。一个推小车的苦力，如果他的经济情形许可，在劳役之后到茶馆里去听《水浒》，或是到游戏场内去看"笃笃班"，便是他的爱好文艺的性习的表现。乡间社戏，草台前挤满了焦脸黄泥腿的农村劳动者，在他们的额上皱纹的一舒展间，也便表现出他们的爱好文艺的性习。自然，你很可以说茶馆里的说书者，游戏场内的绍兴"笃笃班"，乡间农忙后的神戏一台，都是趣味低劣，都不合于咱们现在所谓"文艺"的条件，但是请不要忘记，这并不是因为他们（推小车的苦力，乡村的劳农等等）天生成了只有低劣趣味的爱好文艺的性习，而是因为他们并不像你和我一样是少爷出身，受过文化的教养，生活在"高贵的"趣味中，并且社会所供给的能够适合于他们经济状况的娱乐（就是他们还能够勉强负担的娱乐费），也只有那样趣味低劣的货色。除了这因为经济条件而生的差别以外，他们在听《水浒》，看"笃笃班"时所表现的爱好文艺的性习并不和你们看"高贵"趣味的文艺作品时的爱好文艺性习有什么本质上的差别。

再进一层言，他们是一般地对于文艺作品（你不要笑，请暂时为说述方便计，把文艺作品这头衔借给茶馆的说书，游戏场内的"笃笃班"等等一类吧）的态度很严肃。他们上书场，听"笃笃班"，看社戏，并非完全为了娱乐，为了消遣，他们是下意识地怀着一个目的——要理解他们所感到奇怪的人生及其究极，他们常常有勇敢的批评的精神。（再请你不要笑，我们把庄严的"批评"这术语，也慷慨一下吧。）从前有一本笔记小说记述扮演曹操的戏子被看戏的农民当场用斧砍杀，便可以说明他们有勇敢的批评的精神，他们把戏文当作真实的人生来认识，他们看戏时的态度异常严肃。这种严肃的态度，勇敢的批评的精神，便是爱好文艺的性习之最健全的活动。反之，把文艺的作品当作消遣，当作"借酒浇愁"，当作只是舞台上纸面上的离合悲欢，那便是爱好文艺的性习之十足的病态的表现，那也只有少爷出身，受过文化的教养，生活在高贵的趣味中的人们才会有这病态。

所以，我再说一遍，任何人都有爱好文艺的性习。青年的你们，在这危疑震撼的时代，社会层处处露出罅裂，人生观要求改造的时代，爱好文艺，自是理之必然。我并不以为青年爱好文艺，便是青年感情浮动的征象，我更不以为青年爱好文艺便是青年缺乏科学头脑的征象。是的，我们不应该笼统地反对青年们之爱好文学，我们应该反对的，是青年们中间尚犹不免的对于文学的病态，——没有严肃的态度和批评的精神。我们尤其不能不反对的，是把"爱好文艺"

当作个人的"志向"！曾听说某地中学入学试验中有"试各言尔志"那样意义的题目，结果有许多答案是"爱好文艺"。这显然是把"爱好文艺"的意义误解了。爱好文艺是人类的本能（这里所用文艺二字是广义的），自原始人即已然。如果说一个人"志在文艺"，那就是另一件事了。我们自然不赞成现代青年都"志在文艺"，同时我们也反对抑制人类的爱好文艺的本能。问题是：第一，千万不要把"爱好文艺"误为个人的"立志"；第二，即使是意识地要"立志"在文艺，也不可以随随便便就"立"。

这里，就到了又一句常常接触着我们的耳朵的青年们常有的问话：怎样研究文学？这问句的意义就表示问者已经"立志"研究文艺，故而来询问方法了。"立志"总是可嘉的，但"志"在某事件的先决条件是对于某事件先须有一个充分的知识，不然，就是随随便便的"立"，不幸我们在"怎样研究文学"的发问中很可以嗅得出随随便便的"立"。

"研究文学"一语，现在常被含糊地使用。这结果便是青年们对于文学的"志"随随便便地"立"。应该把"研究文学"一语先有基本的分析。必须先得认明"研究文学"这一语至少含有两方面不同的工作：一是把文学当作一种科学而研究，又一便是写撰文艺作品，普通所谓"创作"，前者是探讨文艺之史的发展，文艺之社会的意义，文艺之时代的构成的因素。就是把文艺当作社会现象之一，因而文艺这特殊学科也就成了社会科学之一。由这样的理解来研究文学也就和研究其他社会科学(就是社会现象之各个特殊部门)一样，可以是一个人终身攻治的事业。这样的终身事业，不但需要一个人毕生的精力，并且还需要有利的环境，例如学习必要知识时的经济的支持（换一句具体的话，就是进大学校文学史科的经济能力），以及研究时期的材料的供给（譬如在没有公共的完备的图书馆的中国，你就不能不自己设法去弄到各种旧有的或新出的书籍）。因而这个"研究文学"的"志"也就不能随随便便地"立"起来。其次，写撰文艺作品，做"创作家"；我觉得一般青年所谓"研究文艺"大概是指这方面而言。粗看起来，这个"志"不难"立"。只要有笔，有墨，有纸，有时间，你就可以写作。并且在这知识分子失业恐慌极严重的现在中国，青年知识者当然觉得还是选择这项"没本钱的生意"，较胜于奴颜婢膝地求职业以及暮夜苟且地谋差使了。这样"立志"在写作文艺作品以为谋生之道，谁也不能非难他的，可是我们不能不说他这计划必将失败，他将饿死了结。如果他"立志"要做一个有点社会意义的作者，那么他的饿死更快！因为中国的社会还没有从"低劣趣味"中完全挣扎出来，因为中国的文坛还没走上正确发展的轨道，因为中国读者的购买力非常薄弱。如果你的"志"在文艺创作并不是谋生之道，你有你所专门攻研的学业，你有养活你身体的职业，你只是固有的创造欲要求发泄，那就是另一个问题了。原则上我很赞成这样的"志"在文艺。但也不是说你有了养活你的职业，你又有时间，你在茶余酒后创作本能要求发泄的时候，你有笔有墨有纸，你就可以写作了。不是的！如果你并没把文艺作品当作消遣，当作个人的愁垒牢块笑影啼痕的影片，而是很严肃地认识了文艺的意义的，那么事情就不该这样办。自然我们并不以为文艺是什么艺术之神的神庙里的神秘的东西，我们也不承认什么创作家一定有他的天才或灵感一类的鬼话，我们承认一个推小车的苦力在休息时对他的伙伴们所说述的一个故事，也可以有文艺的价值；但是我们很反对那些没有深切的人生意义和社会价值的个人情感的产物，我们更反对那些彻头彻尾以游戏的态度去观察人生而且写作成的文艺作品。认真想使自己的作品对于社会有贡献的态度正确的有志文艺者在动手创作之前，必须有充分的修养。首先他应该认明社会这机构的发展的方向；如果他已经能够在社会现象中看到矛盾或不平衡，那么他应该认明白这矛盾或不平衡正是旧的社会机构经过烂熟而达于崩溃这阶段时必然的现象，并且他应该了解唯有新机构的产生才能造成新的和谐与平衡。是的，他应得从深处去分析人生，去理解人生；他应得认明人类历史的进化的路线，并且了解自己对于人类和社会的使命。具体说，他一定得努力探求人们每一行动之隐伏的背景，探索到他们的社会关系和经济的基础。仅仅有丰富的人生经验是不够的，主要的是他对于他的经验有怎样的理解，因而他在动手创作之前不能不先有理解社会现象的能力，就是他不能不先有那解释社会现象的社会科学的知识。除这而外，自然还有艺术上的修养；他可以从古代的作家学习描写的艺术，但应该记好，这该是朴质有力明快的描写手法；而不是那些以诡奇的形式掩盖了贫乏的内容的作品。

如果青年们的"怎样研究文艺"的发问是"怎样准备创作"的代用语，那么，我的回答便如上述。充分的修养。慎勿轻率！慎勿认为作家的一篇作品是产于一时的"灵感"！绝对不是的！没有什么神妙的灵感，只是对于社会现象的深湛的理解和精密的分析！慎勿认为一切的所见所闻都有文艺作品材料的价值！绝对不是的！只有那些能够表现出社会动乱之隐伏的背景的人生材料才有价值！最后，我再说一遍，打算以撰写文艺作品为谋生之道，在现代恰就是饿死之道，而且直到死时也不会得到社会上大多数人的同情！

再说一遍，任何人都有爱好文学的性习，所以任何人应该养成正确地理解文艺作品的能力（关于这点，我希望以后有机会再说），只有老顽固才反对青年看小说看戏曲；但并不是就说每个青年都应该以文学为事业。如果现代大多数青年当真在打算做文学家，那就不折不扣是混乱的现中国的严重的病态！如果我们只认为是青年本身之过失，那就和浅薄的小说家一样只看到事物的表面罢了！

我没有看见写信给《中学生》杂志询问"怎样研究文学"的打算做文学家的青年是怎样措辞。因而我无从知道他们的动机是什么。但是我们不妨猜想一下，可能的动机是两个：一是上面已经说过的知识青年既无祖遗的财产又感到求职的困难，因而转念及此"不要本钱的生意"。这是一个经济的动机，我们上面已经论及，此处可以不必再说了。其二是并没生活的恐慌，徒因"爱好"文艺而要为文学家，在人各有其所好这一点上，我们亦未便厚非。这两种可能的动机都还是情理之常。可是只此二动机，绝不会是大多数青年都想做文学家。如果当真是大多数青年想做文学家，那一定另有其原因了。于是我们的猜测也不能不转到不大名誉的一方面，就是所说"浮而不实"。本来做文艺作家并不是轻而易举的事，如上文所述，一个文艺作家的修养很要费些苦心。但是因为中国社会直到现在还缺乏普遍的严肃的文学观念，一般人尚认为只要有笔，有墨，有纸，有时间，能写，就可以创作，于是同样地染着这种错误观念的一部分青年便觉得世间事无若文学家之轻而易举而且名利双收了。这种观念便是"浮而不实"的注脚。我们毋庸讳言，志在文艺的青年中间不免有一部分是染有这样的错误观念而且这样错误地想做文学家。在这种错误观念之下，一定不能产生真正的有价值的文学家。反过来说，非待社会里已经普遍地有了正确的严肃的文学观，这种错误地想做文学家的观念一定不能在青年中绝灭。所以如果忧虑着这种"浮而不实"的想做文学家的动机之蔓延为有害于青年，只有更加努力于正确的严肃的文学观念之传布深入，才是对症的良药！如果想用大家不谈文学的方法来阻止这弊害，那也是很错误的见解。

人们也还有这样一个猜测：中国是产业不发达，自然科学不发达，政治是乱糟糟，因而有才智的青年便感觉到如果学习他种学科将有学成而无所施其巧的痛苦，因而都选择了文学这一条路了。这个猜测，原亦有相当的理由，可是仅仅相当的理由而已，并且事实上并不如此。事实上是近十年来头脑清楚才智卓越的青年都干政治运动去了，而且殉身于政治运动的，亦已经很多很多了。即使有感得他无可为而要献身于文艺的青年，大概只是青年中之缺乏刚毅猛鸷的气质而不适宜于政治运动的一流吧。然而这样的人大概亦不会是很多的吧！

所以我们把好为文学家的青年之可惊的多，当作一个社会现象来看，我们粗可分析为如上述的四个原因。而此四原因中，一三两原因都表示了混乱的现代中国的严重的病态。特别是第三原因是牵连到文学界本身之尚未健全。我们不愿认为青年本身的过失，但是也不能不说对于文学的错误的认识（认为世间事无若做文学家之轻而易举而且名利双收），应该由迫切地追问着"怎样研究文学"的青年来共同努力矫正才好！

1931 年 3 月 16 日

（原载 1931 年 5 月 1 日《中学生》第 15 期）

课本里的作家

序 号	作 家	作 品	年 级
1	金 波	金波经典美文：第一辑 树与喜鹊	一年级
2	金 波	金波经典美文：第二辑 阳光	
3	金 波	金波经典美文：第三辑 雨点儿	
4	夏辇生	雷宝宝敲天鼓	
5	夏辇生	妈妈，我爱您	
6	叶圣陶	小小的船	
7	张秋生	来自大自然的歌	
8	薛卫民	有鸟窝的树	
9	樊发稼	说话	
10	圣 野	太阳公公，你早！	
11	程宏明	比尾巴	
12	柯 岩	春天的消息	
13	窦 植	香水姑娘	
14	胡木仁	会走的鸟窝	
15	胡木仁	小鸟的家	
16	胡木仁	绿色娃娃	
17	金 波	金波经典童话：沙滩上的童话	二年级
18	金 波	金波经典美文：一起长大的玩具	
19	高洪波	高洪波诗歌：彩色的梦	
20	冰 波	孤独的小螃蟹	
21	冰 波	企鹅寄冰·大象的耳朵	
22	张秋生	妈妈睡了·称赞	
23	孙幼军	小柳树和小枣树	
24	吴 然	吴然精选集：五彩路	三年级
25	叶圣陶	荷花·爬山虎的脚	
26	张秋生	铺满金色巴掌的水泥道	
27	王一梅	书本里的蚂蚁	
28	张继楼	童年七彩水墨画	

序 号	作 家	作 品	年 级
29	张之路	影子	三年级
30	曹文轩	曹文轩经典小说：芦花鞋	四年级
31	高洪波	高洪波精选集：陀螺	
32	吴 然	吴然精选集：珍珠雨	
33	叶君健	海的女儿	
34	茅 盾	天窗	
35	梁晓声	慈母情深	五年级
36	陈慧瑛	美丽的足迹	
37	丰子恺	沙坪小屋的鹅	
38	郭沫若	向着乐园前进	
39	叶文玲	我的"长生果"	
40	金 波	金波诗歌：我们去看海	六年级
41	肖复兴	肖复兴精选集：阳光的两种用法	
42	臧克家	有的人——臧克家诗歌精粹	
43	梁 衡	遥远的美丽	
44	臧克家	说和做——臧克家散文精粹	七年级
45	郭沫若	煤中炉·太阳礼赞	
46	贺敬之	回延安	八年级
47	刘成章	刘成章散文集：安塞腰鼓	
48	叶圣陶	苏州园林	
49	茅 盾	白杨礼赞	
50	严文井	永久的生命	
51	吴伯箫	吴伯箫散文选：记一辆纺车	
52	梁 衡	母亲石	
53	汪曾祺	昆明的雨	
54	曹文轩	曹文轩经典小说：孤独之旅	九年级
55	艾 青	我爱这土地	
56	卞之琳	断章	
57	梁实秋	记梁任公先生的一次演讲	高中
58	艾 青	大堰河——我的保姆	
59	郭沫若	立在地球边上放号	